2020年湖南省高校思想政治工作研究项目"新时代高职院校大学生朋辈教育环境建设研究（20C37）"阶段性成果

新时代高职院校大学生朋辈教育环境建设研究

邹 华 主编

北京理工大学出版社
BEIJING INSTITUTE OF TECHNOLOGY PRESS

版权专有　侵权必究

图书在版编目（CIP）数据

新时代高职院校大学生朋辈教育环境建设研究 / 邹华主编． -- 北京：北京理工大学出版社，2023.5
ISBN 978-7-5763-2377-1

Ⅰ. ①新… Ⅱ. ①邹… Ⅲ. ①高等学校-思想政治教育-教学研究-中国 Ⅳ. ①G641

中国国家版本馆 CIP 数据核字（2023）第 087107 号

出版发行 / 北京理工大学出版社有限责任公司
社　　址 / 北京市海淀区中关村南大街 5 号
邮　　编 / 100081
电　　话 / （010）68914775（总编室）
　　　　　（010）82562903（教材售后服务热线）
　　　　　（010）68944723（其他图书服务热线）
网　　址 / http://www.bitpress.com.cn
经　　销 / 全国各地新华书店
印　　刷 / 廊坊市印艺阁数字科技有限公司
开　　本 / 710 毫米 ×1000 毫米　1/16
印　　张 / 9.5　　　　　　　　　　　　　　责任编辑 / 徐艳君
字　　数 / 155 千字　　　　　　　　　　　　文案编辑 / 徐艳君
版　　次 / 2023 年 5 月第 1 版　2023 年 5 月第 1 次印刷　责任校对 / 周瑞红
定　　价 / 49.00 元　　　　　　　　　　　　责任印制 / 施胜娟

图书出现印装质量问题，请拨打售后服务热线，本社负责调换

前　言

我们党一直以来都十分关注大学生思想政治教育工作。党的十八大以来，以习近平同志为核心的党中央高度重视高校思想政治教育工作。习近平总书记强调，要坚持把立德树人作为中心环节，把思想政治工作贯穿教育教学全过程，实现全程育人、全方位育人，努力开创我国高等教育事业发展新局面。当今时代是一个全新的时代，站在这样的背景下来看，将要走入工作岗位的大学生，是实现第二个"百年奋斗目标"的关键主体，是实现中华民族伟大复兴中国梦的中坚力量。因此，加强大学生思想政治教育朋辈环境研究对于新时期加强大学生思想政治教育工作具有重大的意义，同时也对青年大学生成长有着重要而深远的意义。

马克思指出"人的本质是一切关系的总和""人创造环境，同样环境也创造了人"。大学生的人际交往最多地表现在朋辈群体之中，如宿舍群体、社团群体、班级群体等。朋辈群体对于大学生思想政治教育环境及大学生个人成长的影响力是巨大的。但目前在高职院校中，对朋辈教育环境建设还存在建设意识不强、主体地位不突出、环境建设机制不完善等诸多方面的问题，致使朋辈教育环境难以发挥育人功能。笔者将高职院校大学生朋辈教育环境建设放在新时代这一宏大背景下，探析新时代高职院校大学生朋辈教育环境研究与建设现状，与时俱进地提出优化高职院校大学生朋辈教育环境建设新路径。

本书立足新时代背景，遵循大学生思想政治教育规律，紧密结合高职院校大学生成长需求，从制度、队伍、平台等多方位构建和优化高职院校大学生朋辈教育环境建设新路径。本书在借鉴前人研究成果的基础上，试图从两个方面进行创新：一是视角维度的创新。本书以新时代高职院校大学生朋辈教育环境建设为研究对象，拓宽"教育环境"的范围与范畴，对新时代高职院校大学生朋辈教育环境建设现状、存在问题和解决路径进行了系统的研究和梳理，便于科学总结大学生思想政治教育在理论与实践方面的创新成果，有助于推进新时代思想政治教育的进一步拓展与深入。二是学术观点的创新。大学生朋辈教育环境建设对高职院校大学生的成长影响深远，目前的理论研究和实践应已经使人们认识到其作用，但更多地将其视为辅助性、补充性工具，而没有将其放置在与社会环境、家庭环境和网络环境等同等重要的主体性地位，本书试图对其进行补充与突破，明确朋辈教育环境建设对大学生成长的影响具有主体性的作用和地位。

本书的编写坚持以问题为导向，积极探索优化新时代高职院校大学生朋辈教育环境建设新路径，完善高职院校思想政治教育环境建设机制与制度，对于促进优化高职院校大学生朋辈教育环境建设和提升思想政治教育工作实效均具有较强的现实意义。一是学术价值。有利于丰富、深化大学生思想政治教育环境建设研究理论，破除将朋辈教育环境建设放在辅助性、补充性地位的研究视角，切实提升大学生朋辈教育环境建设研究地位，全面、系统地探索大学生朋辈教育环境建设的内在规律，为高职院校大学生朋辈教育环境建设提供理论依据。二是应用价值。有利于提高对高职院校大学生朋辈教育环境建设的重视，通过机制的建立与完善，创新高职院校大学生朋辈教育环境建设路径，为高职院校大学生创造良好的成长环境，促进高职院校大学生全面健康发展，切实提高高职院校学生思想政治教育工作实效。

本书以新时代高职院校大学生朋辈教育环境建设为研究对象，从理论研究和实践考察双向度，对高职院校大学生朋辈教育建设的研究和现状进行深入的探究，对其存在问题及原因进行科学的数据分析，最后在吸收借鉴国内外研究与实践成果的基础上提出新时代高职院校大学生朋辈教育环境建设新路径。全书分为四个章节：第一章为绪论，综合分析大学生思想政治教育环境建设的理论研究，深入学习马克思主义关于"人的本质"和"人与环境"等理论，并以此作为课题研究的理论依据和指导，为后面章节内容的全面开展做好铺垫。第二章为朋辈教育环境思想的起源、发展与应用，主要分析传统朋辈教育环境思想的中西方起源、发展和应用。第三章为高职院校朋辈教育环境建设的现状，主要考察高职院校大学生朋辈教育环境建设的现状。具体包括：分析当前高职院校大学生朋辈教育环境建设有利因素；分析高职院校大学生朋辈教育环境建设存在的问题；分析大学生思想政治教育朋辈环境建设问题存在的原因等。第四章为优化高职院校大学生朋辈教育环境建设的路径。以国内外已经取得的大学生思想政治教育环境建设的相关经验为基础,并从高职院校本身所具有的特点出发,探索、优化高职院校大学生朋辈教育环境建设的途径。主要包括:建立朋辈教育环境建设长效机制,如加强顶层设计,科学制定高职院校大学生朋辈教育环境建设总体规划及实施方案等;加强朋辈辅导员队伍建设;提升朋辈教育平台建设;树立朋辈群体典型。

本书的编写从实用性角度出发,以马克思主义环境理论和"人的本质"理论为指导,正确认识和处理"人与环境""教育与环境"的辩证关系,通过制度、队伍、平台的建立与完善,不断优化高职院校大学生朋辈教育环境建设路径,切实解决高职院校大学生朋辈教育环境建设中存在的建设意识不强、主体地位不突出、环境建设机制不完善等问题,深入探索、构建高职院校大学生朋辈教育环境建设长效机制,以充分发挥大学生朋辈教育环境的育人优势。因此,本书不仅适合相关专业的教师阅读,也适合思想政治教育专业的高职院校大学生用来指导学习。

鉴于笔者知识及水平有限,书中难免存在疏漏之处,欢迎广大读者批评指正。

笔　者
2023 年 1 月

目　录

第一章　绪　论 …………………………………………………………… 1

　　第一节　教育与环境 …………………………………………………… 1
　　第二节　朋辈教育环境建设的内涵 …………………………………… 39
　　第三节　朋辈教育环境建设的意义 …………………………………… 50

第二章　朋辈教育环境思想的起源、发展与应用 …………………… 61

　　第一节　传统朋辈教育环境思想的起源和发展 ……………………… 61
　　第二节　朋辈教育环境思想的应用 …………………………………… 65

第三章　高职院校朋辈教育环境建设的现状 ………………………… 80

　　第一节　高职院校朋辈教育环境建设的特征 ………………………… 80
　　第二节　高职院校朋辈教育环境建设的功能 ………………………… 86
　　第三节　高职院校朋辈教育环境建设存在的问题 …………………… 90

第四章　优化高职院校大学生朋辈教育环境建设的路径 …………… 98

　　第一节　建立朋辈教育环境建设长效机制 …………………………… 98
　　第二节　树立正确的价值导向 ………………………………………… 108
　　第三节　提升朋辈教育平台建设 ……………………………………… 112
　　第四节　树立朋辈群体典型 …………………………………………… 120

参考文献 …………………………………………………………………… 139

第一章
绪　论

第一节　教育与环境

一、环境与人的关系

（一）马克思关于人与环境关系的思想

1. 马克思关于人与环境关系论述的来源

马克思在批判、继承前人优秀思想成果的基础上，精辟地指出："人创造环境，同样环境也创造人。"[①] 人与环境之间是互动关系，二者的互动关系只有在能动的实践中才能实现，同时在这一实践活动中要注重发挥人民群众的力量。在这里，环境是相对于人而言的，它是人类赖以生存的外部物质条件和直接或间接影响人类生产与生活的各种因素的总和，包括自然环境和社会环境。自然环境是人类赖以生存和发展的客观基础。社会环境是包括物质关系、政治关系和思想关系在内的一切社会关系的总和，其中物质关系决定政治关系和思想关系。[②]

（1）反对并批判"环境决定论"

关于人与环境之间的关系，在马克思发表其思想之前，实际上就已经有不同的学者对人和环境之间的关系发表了许多不同的看法，其中最具代表意义的是

[①] 马克思，恩格斯. 马克思恩格斯全集（第一卷）[M]. 北京：人民出版社，1995：92.
[②] 王爱华. 马克思关于人与环境关系的思想及其当代启示 [J]. 中北大学学报（社会科学版），2008（1）：1-3.

"环境决定论",即认为环境决定了人的发展方向,包括人类文化和社会发展模式等。其中比较具有代表性的是18世纪法国唯物主义哲学家克洛德·阿德里安·爱尔维修等人所提出的"人是环境的产物"这一观点。但是,这些学者所指的环境,主要是指政府、法律等社会方面的环境。他们主张,要消除社会中的邪恶,就需要对国家和法律进行改革,而要做到这一点,就需要通过对人进行教育来提高人的理性,因而推论出"教育万能论"的结论。英国空想社会主义者欧文也正是在这种言论的启发之下,提出了通过改造环境和教育来培养新的人才,以构建一个美好的社会的设想。对此观点,马克思持有不同的意见,他在《关于费尔巴哈的提纲》(以下简称《提纲》)中,对"环境决定论"及其延伸言论发表了反对意见,并对其进行了批判。马克思指出:"有一种唯物主义学说,认为人是环境和教育的产物,因而认为改变了的人是另一种环境和改变了的教育的产物。这种学说忘记了环境正是由人来改变的,而教育者本人一定是受教育的。"① 哲学家爱尔维修等人过于重视并夸大了环境的作用,而忽略了人类的作用。实际上人类在进行实践性活动时,是能够对环境产生影响的,而他们则没有考虑甚至否定了人类作为世界主体对环境的改变所产生的积极作用,完全将人视作了环境的从属,并认为人类是环境的消极产物。而马克思在对"环境决定论"进行批评时,并未否定"环境"对人类产生的作用,他认为环境和人的作用是相互的,人不仅诞生于环境之中,反之,人的行为也会对环境产生影响,这也是马克思关于人与环境之间关系问题的正确结论。

(2)马克思理论严密的逻辑推理

时间是检验真理的标准之一,马克思关于人与环境关系的论述经过时间的检验,在如今看来是正确的、科学的,与人类社会的发展规律是相符合的。而马克思之所以能够对人与环境之间的关系作出正确的、科学的论断,与马克思理论严密的逻辑推理性有直接关系。我们从《提纲》来分析,人与环境关系的正确论断为《提纲》的第三条,而其推理的基础则是第一条中马克思所提出的思想——关于旧唯物主义哲学观中所存在的缺陷,马克思说:"对事物、现实、感性,只是从客体的或者直观的形式去理解,而不是把它们当作人的感性活动,当作实践去理解,不是从主观方面去理解。"② 而在马克思之前认为人从属于环境

---

① 马克思,恩格斯. 马克思恩格斯全集(第一卷)[M]. 北京:人民出版社,1995:59.
② 马克思,恩格斯. 马克思恩格斯全集(第一卷)[M]. 北京:人民出版社,1995:58.

的那些唯物主义哲学家，就走入了这样的误区，因此，他们在认识人与环境之间的关系时，仅仅注意到了环境对人的影响，却没有发现人类对环境所产生的影响。但马克思是不同的，在《提纲》中的第一条中，马克思就分析了实践的重要性，认为一切事物都应该以实践为理解基础，而不是仅从主观角度去认识、去分析。马克思还分析了主体、客体，人和环境之间的辩证关系。环境从主客体的角度来看，属于客体，但是其内是有主体——人的活动痕迹的。也就是说，处于环境中的人，不仅仅会受到环境的影响，而且反过来也会通过实践活动，让环境发生改变并产生一定的影响。基于此，在分析人与环境两者之间的关系时，需对于人的作用予以重视，并正确地发展人的能动性，就能达到既从客体的形式又从主体方面理解环境这一对象。综上所述，马克思对人与环境关系的论述，与其在《提纲》中第一条中所提出的观点是具有严密逻辑性的，两者为相互对称而又相互论证的关系。

2. 马克思经典著作中的"人"与"环境"

关于人与环境之间的关系，马克思在其诸多经典著作之中均有所论述，而较为全面和具体的主要包括《1844年经济学哲学手稿》（以下简称《手稿》）、《提纲》及《德意志意识形态》（以下简称《形态》）。下面笔者从"人"和"环境"这两方面，结合此三本经典著作进行具体的分析。

（1）马克思经典著作中的"人"

1）《手稿》中以"类"划分的人

马克思在《手稿》中指出："人是类存在物，不仅因为人在实践上和理论上都把类——他自身的类以及其他物的类——当作自己的对象；而且因为——这只是同一种事物的另一种说法——人把自身当作现有的、有生命的类来对待。"[①] 由此可见，马克思认为人是以"类"进行划分的，"类"既是此人群的共同之处。人将自己的"类"与其他物的"类"进行了区分，类存在物的人具有将自身类及其他物的类作为对象的本质，"人类"是有生命的，且人不仅可以通过实践和理论认识自身的本质，还可以认识其他物类的本质。与之相比，动植物则没有这样的本质，它们是没有办法通过实践和理论来认识自我和其他事物本质的。

---

① 马克思.1844年经济学哲学手稿[M].北京：人民出版社，2008：56.

马克思在《手稿》中还指出"正是有意识的生命活动把人同动物的生命活动直接区别开来"①，由此可见，马克思认为类存在物的人，主要本质是有意识的生命活动，而这个"有意识的生命活动"指的是人能够自由且自觉地进行劳动。这个本质并不是人先天带来的，而是形成于后天的与同类所从事的共同劳动中。人是有生命的，这里的生命指的并不只是能够活动，而是说人存在思想和意识，也正是因为它们的存在，让人的生存活动和生活活动出现了差异之处。也就是说，人所进行的生产活动，并非完全为了生存而进行，通过思想和意识人能够控制自己的生产活动，除了为了生存生产，还能够为了生活进行生产，即能够进行较为全面性的生产。而动物则不同，动物没有明确的思想和意识，它们的生存活动主要依赖的是本能，其生存的目的是繁衍后代，虽然为了生存同样会建造巢穴或其他类型的居住场所，但都是出于"直接的肉体需要的支配"②。所以说，动物所进行的生命活动，是受到肉体需求限制的，不具有自由性，是没有意识和思想的本能活动，它们的生存活动和生活活动的目的是一致的。

马克思在《手稿》中的提到的人，划分的依据是类，而类的划分依据则是相似的本质，即"类本质"，这一词语并非马克思所创，其创作者是德国哲学家路德维希·安德列斯·费尔巴哈，马克思对其进行了沿用。但实际上两者关于人"类"的研究是存在一定差别的。费尔巴哈对人的研究所选择的基础是自然性，认为人的"类"的划分依据是友谊和爱情，而不受社会、历史、阶级等其他方面条件的限制，以血缘、情感等自然关系作为"类"的分辨基础，且认为人是具有共性意识的，能够辨别出"自我"与"你"的相同之处，但这种关系从社会角度来看，却并不是具象的、清晰可辨的。马克思虽然沿用了"类本质"这一术语，且也把人用"类"进行划分，来分析和研究"类"人的相同之处，但他们的不同之处也是非常显著的。马克思认为人的本质是能够进行有意识的生命活动，而这种生命活动存在着与其他物类不同的特性——主观能动性和创造性，所以人可以通过有意识的实践性生命活动反作用于周围的环境，对自身及环境进行改变。可见，马克思对人的理解是以人的生命活动作为出发点，而费尔巴哈的理解则以自然性为出发点，是"把许多个人纯粹自然地联系起来的共同性"③，以社会性角度来分析，马克思的认识是更具象的，是对费尔巴哈的超越。

---

① 马克思.1844年经济学哲学手稿 [M]. 北京：人民出版社，2008：58.
② 马克思.1844年经济学哲学手稿 [M]. 北京：人民出版社，2008：57.
③ 马克思，恩格斯.马克思恩格斯选集（第一卷）[M]. 北京：人民出版社，1995：17.

2)《提纲》中特殊性、社会关系中的人

如果说马克思在《手稿》中提出了人的本质,那么他在《提纲》中的论述可以看作是更加深入的、以社会性为基础的对人进行的探讨。他指出:"人的本质不是单个人所固有的抽象物,在其现实性上,它是一切社会关系的总和。"[①] 其论述探讨的是在现实的基础上人的本质,完全脱离了自然性及抽象的范畴,认为不同的人都处于一定的社会关系中,每一个人作为一个个体都不是孤单存在的,"你"和"我"都生活在现实的社会中,所以除了自然性,人还具有社会性,会受到不同社会关系的影响和制约,且自然属性并非人的本质,而社会属性才是人的本质属性。

人并非仅具有一种社会关系,其所拥有的所有社会关系的和才是一个人的本质属性,而社会关系包含了生产关系、阶级关系、政治关系等多种关系,但社会关系并非这些关系的简单叠加的结果,其实际上是这些关系由不同比例组成的紧密的整体。在这些关系之中,生产关系对人的本质具有决定性的影响,即个人在生产关系中所处的地位,就会影响到他所具有的特定本质。由此可见,在《提纲》中所提及的人,是具有特殊性和社会性的,也就是说处于不同社会关系中的人,本质是不同的,对"类"的划分做了更精确的描述。处于不同生产关系、阶级关系和政治关系中的人其本质是不同的,也就是说,《提纲》认为人在阶级、阶层、地位和身份等方面是存在差异性的,这种差异决定了人的本质的不同,例如工人阶层有其特殊的本质,而农民也有其特殊的本质,这种本质性的差异,在不同的社会关系中可见一斑。

而从以上分析中可以看出,马克思在《提纲》中关于人本质的论述,比在《手稿》中的"类本质"更具有深入性,他加入了社会关系角度的分析,认为人在社会关系中是具有阶级差异的,不同阶级的人具有不同的特性。从哲学角度来说,这就是一种对人的"类本质"认识的进步。

3)《形态》中个性、现实的个人

马克思在《手稿》中认为人是具有"类"的共性的;在《提纲》中又进一步对人的特殊性和社会关系进行了论述,这是一种不断的递进,证明了其思想的不断进步;在《形态》中,关于人的相关论述又变得更为深入,在这里,人具有了个性且是现实的,马克思指出:"全部人类历史的第一个前提无疑是有生命

---

① 马克思,恩格斯. 马克思恩格斯选集(第一卷)[M]. 北京:人民出版社,1995:17.

的个人的存在"①。从此论述中可以看出,至此,马克思所认为的个人,已经完全脱离了费尔巴哈所认为的具有共性的和自然属性中的抽象的"人",这里的"个人"存在于历史生活中。而不同的"个人"和"个人"之间,仍然具有"类"这一相同的本质属性,只是它虽然是抽象的,但也并非无迹可寻,可以从具体的、现实的个人中发现其痕迹。这些个人并非"处于某种虚幻的离群索居和固定不变状态中的人,而是处在现实的、可以通过经验观察到的、在一定条件下进行的发展过程中的人"②。而所有的个人都是处于一定社会关系中和群居状态下的,并不处于某种虚幻的离群索居的状态下,因此说,"个人"是有痕迹的、是现实的。而且,除了是现实的,"个人"和"个人"之间也存在着不同的性格差异,即个性。由此可见,马克思在《形态》中论述的"人",是现实的存在于历史发展中的个人,是即使其他外在条件相同,也会具有不同个性的个人,这是存在于"类"之中的差异性,比《提纲》中所提到的人在不同阶层中的差异性更加深入。

从以上三本经典著作中关于"人"的论述中可以看出,马克思对于人的思考是不断进步和深入的,从人的共性考虑到人的特殊性,而后又深入到了人的个性,全方位覆盖,组合起来就是一种全面的对人的认识。这种全面性的认识方式,对于当今人来说,同样具有启发性和指导性。

(2) 马克思经典著作中的"环境"

马克思对于人与环境关系的论述的基础,一部分是18世纪法国一些哲学家提出的"环境绝对论",马克思认为这种论述是不科学的,因此对其进行了批判。但是马克思主义思想讲求的是辩证关系,因此,他并没有完全否定这些哲学家所提出的观点,而是对其中环境塑造人的部分进行了肯定,并且在此基础上,他还对人通过主观能动性能够使环境发生改变进行了强调,认为"环境"是客体,而"人"是主体,主体的实践活动能够对客体产生影响,并使其发生相应的改变。其此观点在《手稿》《提纲》及《形态》等经典著作中,均有相应的论述。

1)《手稿》对自然环境的论述

在《手稿》中,马克思主要对自然环境进行了论述,他说:"自然界不仅提

---

① 马克思,恩格斯. 马克思恩格斯选集(第一卷)[M]. 北京:人民出版社,1995:67.
② 马克思,恩格斯. 马克思恩格斯选集(第一卷)[M]. 北京:人民出版社,1995:73.

供生产资料，还提供劳动者本身的生活资料，没有自然界，没有感性的外部世界，工人什么也不能创造"。① 由此我们可以看出，马克思认为自然界不仅为工人提供生产资料，也提供生活资料。人类在自然环境中进行生产和生活，如果没有了自然界就没有了一切，自然界对人有制约性。马克思还说："在人类历史中即人类社会的形成过程中生成的自然界，是人现实的自然界；因此，通过工业——尽管以异化的形式——形成的自然界，是真正的、人本学的自然界。"② 可见，自然界是感性的，是会受到人的能动性影响而发生改变的。当人类进行生产劳动或工业活动后，自然环境会发生改变，所以自然界和人是紧密相连的关系，环境不能脱离人来看待，它是具象的而非抽象的，因为"与人分隔开的自然界，对人来说也是无"③。可见，在《手稿》中，马克思认为自然界不仅是人们无法离开的为生活和生产提供资料的自然环境，同时还是人类活动参与的人化自然界。

2）《提纲》对社会环境的论述

与《手稿》中不同，在《提纲》中马克思主要论述的是社会环境。前面在分析马克思经典著作中对于"人"的论述时曾提到，马克思认为人具有社会属性，其本质是"社会关系的总和""是属于一定的社会形式的"④，而这种社会关系和社会形式，共同构成的就是人所处的一种社会环境。人的特殊性也正是不同社会关系的体现，人在面对这些社会关系时所处的环境，就是社会关系环境。

在《提纲》中，马克思批判了法国一些哲学家对于环境作用的夸大，以及他们认为环境具有决定性作用的非科学性，但与此同时，马克思也对环境应用的作用予以认同，例如教育环境的作用。

社会环境是一个宽泛的概念，包括政治环境、经济环境、法治环境、国际环境等，马克思在《提纲》中主要阐释了社会关系环境、教育环境以及宗教环境，这说明马克思对社会环境的认识更加具体。⑤

3）《形态》对历史发展环境的论述

马克思在《形态》中说："费尔巴哈没有看到，他周围的感性世界绝不是

---

① 马克思. 1844年经济学哲学手稿 [M]. 北京：人民出版社，2008：53.
② 马克思. 1844年经济学哲学手稿 [M]. 北京：人民出版社，2008：89.
③ 马克思. 1844年经济学哲学手稿 [M]. 北京：人民出版社，2008：116.
④ 马克思，恩格斯. 马克思恩格斯选集（第一卷）[M]. 北京：人民出版社，1995：17.
⑤ 何颖. 人与环境关系的内蕴原则 [D]. 长春：吉林大学，2015.

某种开天辟地以来就存在的、始终如一的东西，而是工业和社会状况的产物，是历史的产物，是世世代代活动的结果。"① 马克思认为自然环境并不是一成不变的，而会随着历史的发展而不断发生变化，其会受到人类工业生产水平和社会发展水平的影响，会随着世世代代人们所进行的活动而不断改变，因为有了人类的存在，自然界不再是纯粹的自然界，而是经过人类历史活动的"人化自然"。人类只要存在于自然界中并且进行活动，自然界就会一直处于不断变化的状态之中，且在不同的历史阶段，都会具有不同的特点，其原因是不同历史阶段人的活动是不同的。而除了用历史性的眼光来看待自然环境，马克思在《形态》中同样认为社会环境也是处于动态发展中的，这两种环境均会受到历史发展的影响。马克思说："历史的每一个阶段都会遇到一定的物质结果，一定的生产力总和，人对自然以及个人之间的历史地形成的关系，都遇到前一代传给后一代的大量生产力、资金和环境"，"每一代都利用以前各代遗留下来的材料、资金和生产力"。② 由此可见，他认为后人的活动是建立在前人活动基础之上的，每一个历史阶段人们所面对的生产资料是不同的，就会形成不同的生产力以及社会环境，而上一个历史阶段的人留给下一个历史阶段人类的，包括生产材料、资金和生产力等，共同组成的就是下一个历史阶段人类所面对的社会环境，是一种社会存在。

从《手稿》到《提纲》再到《形态》，是从自然环境到社会环境再到历史发展环境的不断进化和深入。马克思所论述的自然环境与其他哲学家呈现出了较大的差异性，他认为人与自然是相互依存的关系，人通过能动性能够改变自然，自然是"人化自然"，然而，人类也离不开自然，自然能够为人类提供物质和生产资料；而后是对社会关系环境的论述，他认为人的社会属性就是社会关系的综合，而社会关系和社会形式构成了社会环境，人的本质体现在不同的社会关系环境中；最后是用历史性的发展眼光来看待自然环境和社会环境，认为两者都是在历史的发展中不断发展的，人和环境的关系也随着历史的变化而不断发展，这是从纵向的角度研究环境。综上所述，可见在三本经典著作中，马克思对环境的论述是十分全面而深入的。

---

① 马克思，恩格斯. 马克思恩格斯选集（第一卷）[M]. 北京：人民出版社，1995：76.
② 马克思，恩格斯. 马克思恩格斯选集（第一卷）[M]. 北京：人民出版社，1995：88，92.

(3) 马克思经典著作中的人与环境关系

马克思在《手稿》《提纲》以及《形态》这三部经典著作中，对人和环境进行论述时，实际上就涉及了人与环境关系的内容。在《手稿》中主要是从自然环境的角度论述人与自然环境的关系；在《提纲》中主要是从社会关系环境的角度论述人与社会环境的关系；而在《形态》中则是论述了在历史发展中，人与自然环境和社会环境之间的关系。

如马克思在《手稿》中提到"被确定为与人分割开来的自然界，对人来说也是无"，"自然界，就它自身不是人的身体而言，是人的无机的身体"；[①] 可见，马克思认为人属于自然界的一部分，人与自然是密不可分的，人与自然界的关系也就是人与人的关系。

马克思在《提纲》中说："环境的改变和人的活动或自我改变的一致，只能被看作是并合理地理解为革命的实践。"[②] 可见，他认为环境可以通过人的活动发生改变，而同时环境的改变又能够改变人自身。人与环境的关系是依靠实践来进行联系的，人的本质就是实践活动；而同时人又是各种社会关系的总和，所以人与社会环境的关系是人与人之间的关系。

而在《形态》中马克思则认为："人对自然以及个人之间历史地形成的关系，都遇到前一代传给后一代的大量生产力、资金和环境"。[③] 在历史发展中，前一代的人会留给后一代人已经发生了一定变化的自然环境，以及具有了一定生产条件和生产力的社会环境，后一代的人会利用这些环境继续创造新的属于当前时代的环境。而前面一代人所遗留下来的自然以及社会环境，同时也已经对下一代人的生活条件形成了限制。人与环境的关系是在历史的发展中不断变化的，是动态发展的关系。

马克思人与环境关系是具有能动性的人与时刻被改造的环境的关系，也是人与人的具体的历史的关系。从以上马克思的论述中我们能够看出，与看待人、环境的问题相同的是，马克思在看待人与环境的关系时，也秉持着动态发展的眼光，是全面、具体且深入的，经历了不断深入、发展、完善的历史过程，且具有一定的规律性和逻辑性。也正是因为如此，才使得人与环境关系思想成为马克思的思想。

[①] 马克思.1844年经济学哲学手稿[M].北京：人民出版社，2008：116，56.
[②] 马克思，恩格斯.马克思恩格斯选集（第一卷）[M].北京：人民出版社，1995：16.
[③] 马克思，恩格斯.马克思恩格斯选集（第一卷）[M].北京：人民出版社，1995：92.

（二）马克思人与环境关系的受动性与能动性统一原则

1. 人受动于自然界

（1）人是自然存在物

马克思在《手稿》中说："人是自然的、肉体的、感性的、对象性的存在物，同动植物一样，是受动的、受制约和受限制的存在物。"[①] 从这句话中可以看出，马克思认为人和动植物一样都是一种自然存在物，所以人的生存和活动都受动于自然界。既然人是一种自然存在物，那么人类必然对自然界有所依赖，只有在自然界中人类才能生存，而且人类在自然界中所进行的一切活动自然会受到自然界的制约和限制。也就是说，人类的活动必须以自然为基础，并且还会受到自然界内所存在的规律的制约。因此，无论是为了生存还是为了发展，人类都需要以尊重自然规律为前提。

人同动植物一样，是自然中的一种存在物，所以人自然也具有自然属性，且这种属性也是人类的一种共同属性。人类生活在自然界中，自然界为人类提供了依靠。如饥饿是人的一种本能的需求，人们必须从大自然中获取食物，才能摆脱饥饿。人要想继续活下去，就得依靠大自然，从大自然中获取生存与发展的空间，获取必要的生存资料，以维系身体的存在；人类与动植物一样，都需要从大自然中吸取营养而生存。由此可见，人与大自然有着紧密的关系，是大自然的一分子。

（2）自然界是人的无机身体

从上一段的分析中可以看出，马克思认为人与自然之间人是受动于自然的，在自然界中人类才能够获取生活和生产资料，所以人需要依赖于自然界进行生产和生活。马克思在《手稿》中详细地论述了人对自然界的依赖性，其中较具有代表性的一段话为："从理论领域来说，植物、动物、石头、空气、光等，一方面作为自然科学的对象，一方面作为艺术的对象，都是人的意识的一部分，是人的精神的无机界，是人必须事先进行加工以便享用和消化的精神食粮；同样，从实践领域来说，这些东西也是人的生活和人的活动的一部分。人在肉体上只是靠这些自然产品才能生活，不管这些产品以食物、燃料、衣着的形式还是以住房等形式表现出来。在实践上，人的普遍性正表现为这样的普遍

[①] 马克思.1844年经济学哲学手稿[M].北京：人民出版社，2008：105.

性，它把整个自然界——首先作为人的直接的生活资料，其次作为人的生命活动对象（材料）和工具——变成人的无机的身体。"① 从这段话中清晰可见的是，马克思认为自然界能够为人提供不同类型的"食粮"，其中既包括了可以丰富人们精神和意识世界的精神"食粮"，也包括了能够满足人们生活和生产需要的物质类"食粮"。在精神世界中，如果没有自然界提供丰富的资源，人类就无法欣赏到艺术的美；在实践和技术方面，如果没有自然界，也就没有能够用于生产和生活的多样化的资料。也就是说，无论是精神活动还是生命活动，人类的所有活动都离不开自然，自然是人生存的前提条件，这就是自然界是人的无机身体的意义。

马克思在《手稿》中还提到"自然界是人为了不致死亡而必须与之处于持续不断的交互作用过程的、人的身体"②，这里清楚地表述出，他认为自然界是人类维持生命而不可缺少的无机身体。人在非死亡的状态下，就会持续不断地与自然发生交互作用，而人类一旦死亡，也可以看作是一种对自然的回归。

以上，从马克思的相关论述中充分表明了人受动于自然界的这种关系，人是自然界中的一部分，与自然之间是与一部分与另一部分的关系，等同于人与其自身无机身体的关系。两者之间密不可分，人受动于自然，而自然也为人提供精神和生产、生活所需的"食粮"，人无法离开自然界生存，自然界是人类赖以生存的环境。

2. 人对自然界的能动性

马克思承认人是自然界的一部分，人依赖于自然界而生存，但是同时他也认为，人对自然界也有着能动性，他认为人类自由、自觉的劳动就是人对自然界能动性的体现，也是人类的类生活。在人发挥能动性时，有两个方面的作用：其一，通过自由、自觉的生命活动，人类得以确证自己的本质；其二，通过人类自由、自觉的劳动，可以对自然界产生影响，使其发生变化。而从马克思的论述分析，人对自然界的能动性可以从以下两个方面来看待：

（1）人的"类本质"

马克思在《手稿》中说："一个种的整体特性、种的类特性就在于生命活动的性质，而自由的有意识的活动恰恰是人的类特性。"③ 他认为人的"类本质"

---

① 马克思. 1844年经济学哲学手稿 [M]. 北京：人民出版社，2008：56.
② 马克思. 1844年经济学哲学手稿 [M]. 北京：人民出版社，2008：56.
③ 马克思. 1844年经济学哲学手稿 [M]. 北京：人民出版社，2008：57.

就是人类能够自由、有意识地活动。动物与人类一样，也是自然界中能够活动的存在物，它们也会进行生命活动，其目的是生存。与之相比，人类的生命活动则是有意识的、自由的，除了可以满足生存需要，还能够生产所需求范围外的其他产品，"动物只生产自身，而人在生产整个自然界"[①]。两者最大的区别在于，人类的劳动是自由的、不受肉体限制的，而动物的劳动则是受限于生存和肉体的一种本能。人类的这种本质特性是发生在所有人类中的，即为"类本质"，这也是人类区别于其他生物的最大特征，人具有能动的类特性。

人类是有能动性的，它不但可以根据"人的尺度"来改造这个世界，也可以利用"物的尺度"来改造这个世界，甚至可以根据"美的尺度"来改变这个世界。人是一种自觉存在，它以自己和周遭的生命为研究对象，以证实其本质；人既能了解自己的本性，又能了解其他事物的本性，又能把它当作自己的一种关系，因此人就是自由的，可以自由地安排自己的活动、面对自己的产品。人的能动性，是一种具有生命力和自然力的存在，它能让人更有热情，更有动力去面对外在的事物，因为只有把这样的热情和激情，通过劳动释放到大自然中，才能证明他们的本质力量是真实的。

（2）人的能动性的表现

能够有意识地、自由地活动是人的类本质，而这种本质为人与自然之间增添了新的关系，即人具有能动性。马克思在《手稿》中说："如果把工业看成人的本质力量的公开的展示，那么自然的人的本质，或者人的自然的本质，就可以理解了。"[②] 他认为，人可以通过本质性的活动，使自然界发生变化。工业活动是人的一种本质性力量的展示，通过工业活动，人改造了自然界，将人自身的特点带入自然界之中，让部分自然界表现出了"人"的特点，同时，通过这种变化，人也认识到了自己本质力量在工业活动中的展示。工业活动的展开，在人与自然的关系中增加了能动性，这不但让自然界具有了人的属性，也使得人的类本质在改造自然的工业活动中得以确证。

之所以说人对自然界具有能动性，其重要的原因就是通过人类的活动，能够将自然界赋予人的属性。自然界在人自由的、有意识的活动作用下被人化，两者的关系从自然界是人的无机身体，进化为人与人的关系。他们之间的关系是紧

---

① 马克思.1844年经济学哲学手稿[M].北京：人民出版社，2008：58.
② 马克思.1844年经济学哲学手稿[M].北京：人民出版社，2008：89.

密的、相互作用的，人与自然的关系是受动的，也是能动的，离开任何一方都是不成立的。

3. 人与自然的互动性

人受动于自然，同时人对自然也有能动性，这种受动与能动的同时存在，就是人与自然的互动性。人是自然物，但其同时拥有受动性和能动性，人在活动中具有能动性，可以对自然进行改造，而在此过程中，也会受到自然法则的约束；通过人类的能动性活动，在自然界中就有了人的劳动痕迹。人与自然的互动关系可以看作是主观能动性与客观规律性统一的关系，对自然规律的尊重是发挥人的主观能动性的前提，改造自然界必须尊重自然；而想要认识和运用客观规律，人就需要发挥主观能动性，让自然发生改变，就需要以认识自然、尊重自然为前提；这就说明了，人与自然的关系是一种受动和能动相互作用的互动关系。

受动性与能动性的统一关系，始终存在于人与自然的关系之中。人们想要让自然发生改变，就需要对自然进行认识和研究，这一过程中体现的就是人的受动性；而人在进行活动时作用于自然，对自然进行了改造，这一过程中体现的就是人的能动性。所以说，人与自然之间，既是受动关系也是能动关系，在研究人与自然是互动关系过程中体现出的就是受动性与能动性统一原则。

也正是因为有了受动性与能动性的统一，才形成了马克思的人与环境关系思想。如费尔巴哈也对人与环境之间的关系进行了论述，但是他认为环境决定一切，认为自然界是客观的存在，不受人的影响，仅注意到了人的受动性，而忽略了人的能动性。但是这一点被马克思看到了，所以受动性与能动性统一原则促进马克思与费尔巴哈的分野。

（三）马克思人与环境关系的实践性原则

1. 环境改变人

前面笔者曾对马克思人与环境关系的来源进行分析，其根源首先是对法国一些哲学家"环境决定论"的批判，而对于这些哲学家所发表的观点，马克思并非完全持否定意见。这些哲学家除了被马克思所批判的忽视了人对环境的作用的部分，还有关于环境决定人的观点，他们认为人在降生时是平等的，不存在差异性，而人成长后之所以具有不同的个性，是由于后天所处环境以及所受教育的不同造成的，因此说人是环境和教育的产物。马克思对于这部分论述持认同意见，并在自己的思想上予以了继承。他也认为在不同的社会环境中，所产生的人是不同的，人的性质会随着其所处的社会关系环境而发生改变。所以，在《提纲》中，马克思肯定环境对人的改变作用。

人是环境和教育的产物，如果将相同的人放到不同环境中成长，其就会具有不同的性质，成为完全不同的人。同时，人在进行实践活动时，不仅会受到自然环境的制约，还会受到社会环境的制约。当人赖以生存的环境发生改变后，身处其中的人也会因为受到影响而发生一定的改变，自然其所从事的实践活动也会随之而改变。通常情况下，人最先接触到的是家庭环境，受此环境的影响，人会形成其最初的个性，并对环境产生一定的认知。而此后，人会接受一定的教育，而这种教育也会因为地域、民族等原因，呈现出一定的差异性，教育使人开智，当人在接受不同的教育时，思想和意识的成长就会呈现出差异性，精神气质自然也就不同。当人结束教育走入工作岗位后，就走进了社会关系环境之中，这种关系包括了经济关系、政治关系、法律关系等一切社会关系。而当人一旦走入社会后，为了生存为了发展，就会遵守社会环境之中所隐藏的各种规则的制约，与在家庭和学校中受到的制约不同，这种制约更加显著，所以为了适应社会环境，人必然会作出改变，如适时调整自己的实践活动等，否则就被环境淘汰。综上所述，人是环境的产物，会受到不同环境的影响而呈现出差异性，并且环境能够改变人。

2. 环境由人改变

(1) 人的本质的实践性

马克思认为人的本质中带有实践性，如他在《提纲》中就曾提到"全部社会生活在本质上是实践的"[①]，他认为实践是人社会生活的本质，是全部社会关系的来源，而社会关系是由人与人之间的关系构成的，因此说人的本质也是实践的。

而除了在《提纲》中论述了实践，马克思也在《手稿》中论述了实践。前者强调了实践是具有主体性的人的社会性的活动，实践是人类生存和发展的基础和前提；而后者论述的根本目的是将人的本质分析得更清楚，与动物的本质做了明确的区分。他认为人的实践活动是各种社会关系形成的基础，人通过有意识的、能动的实践活动在改变各种社会关系环境的同时自身也得到改变；环境的改变过程，正是人的革命实践活动过程。

---

① 马克思,恩格斯.马克思恩格斯选集(第一卷)[M].北京：人民出版社,1995：17.

(2) 人的实践活动改变环境

马克思认为人通过活动是可以改造环境的，而被他批判的那些哲学家则完全没有关注这一点，忽略了"环境是由人改变的，教育者本身是受教育的"①。主要原因是这些哲学家没有看到人的能动性和创造性，所以忽略了实践活动的作用。他们认为人在教育环境中是被动的接受关系，没有改变环境的能力，而实际上，人当前所面对的教育环境并不是一开始就存在的，它是不同代的教育者们不断通过实践活动创造的，也就是说，教育环境可以改变人，反过来，人也可以通过实践来改变教育环境。

马克思发现了这些哲学家所忽视的部分，他认为人可以通过实践活动改变社会关系环境和教育环境。因此，环境在人面前并没有决定性，人类可以通过实践性的本质，利用实践活动来改变和改造周围的环境。

3. 人与环境关系的实践性原则

(1) 人与环境关系统一于实践

马克思说："环境的改变和人的活动或自我改变的一致，只能被看作是并合理地理解为革命的实践。"② 从这句话中可以看出，马克思认为环境与人之间是相互改变的关系，人能够被环境改变，同时，人也能让环境发生改变，并且环境的改变就等于自我改变。因此，人通过实践活动改变环境和自我改变是具有一致性的，人与环境关系统一的关键就是实践。

实践的改变功能可以分为外部对象和内在功能两部分。外部对象的改变，指的是通过实践性活动，人能够改变其与其他人之间的关系，通过不断链接的关系网的改变而让社会关系环境发生改变。并且，通过实践活动，人还能够影响或改变为实践活动提供支持的环境和条件。内部功能的改变则是指，人通过实践活动在改变外在环境和条件的同时，必然会伴随着自身的努力，所以其相关能力就会提升，能够获取更多的知识和实践经验，使得自身发生了改变，即自我的改变。可见，通过实践性活动，人是可以实现环境改变和自我改变统一的。

(2) 实践成为原则的根本原因

马克思在《提纲》第一条指出："从前的一切唯物主义（包括费尔巴哈的唯物主义）的主要缺点是：对对象、现实、感性，只是从客体的或者直观的形式去

---

① 马克思，恩格斯. 马克思恩格斯选集（第一卷）[M]. 北京：人民出版社，1995：16.
② 马克思，恩格斯. 马克思恩格斯选集（第一卷）[M]. 北京：人民出版社，1995：16.

理解，而不是把它们当作感性的人的活动，当作实践去理解，不是从主体方面去理解。"① 由此可见，在马克思之前的那些哲学家所谈论的唯物主义，都是从客体角度去理解的，而马克思与他们不同，他从主体的角度对客观世界进行分析和理解。他将实践看作一种思维方式、一种解释原则。也正是因为如此，马克思的哲学思想与其他哲学家的哲学思想才具有了本质性差别。

马克思说："哲学家们只是用不同的方式解释世界，问题在于改变世界。"② 马克思重视实践的意义，其认为实践是人的本质活动，是人与环境关系统一的关键和现实基础，因此，需要以实践作为出发点，对环境的改变、社会和人的发展进行理解。在面对所有事物时，均从实践性、主体的角度去进行解释，因此，开创了实践的思维方式。

而实践成为人与环境关系的原则，主要原因是马克思认为其普遍存在于人与社会环境的关系中，并且实现了人与环境关系的统一。"环境的改变和人的活动或自我改变的一致，只能被看作是并合理地理解为革命的实践。"③ 环境的改变和人的自我改变都离不开实践，且实践还能够解决人与社会环境的矛盾，所以说，实践在马克思人与环境关系的思想中具有十分重要的意义，将其作为原则，不仅形成了马克思人与环境关系思想，也形成了其他一切思想。

（四）马克思人与环境关系思想在思想政治教育中的应用

思想政治教育是一种与人、环境密不可分的实践活动，它既要围绕人而进行，又要与环境的作用和制约相结合。人与环境是思想政治教育的一个重要组成部分，他们相互影响是其生存与发展的根本保证。马克思关于人与环境的关系的思想，具有鲜明的辩证唯物主义、历史唯物主义特色，它超越了以往关于人与环境的各种学说，从而为人们的思想政治教育提供了思想指引和理论依据。

首先，在思想政治教育中运用马克思人与环境关系的思想时，应全方位地理解和认识人与环境关系的本质，即相互作用、相互依存的互动性关系。这里所说的全方位，包含了两方面的内容：其一，要全方位地理解和认识人本质、关系、需要和目的，就此而言，人不仅是自然物，还拥有由人的实践活动而产生的人与人之间的关系而构成的社会关系环境；其二，还要全方位地理解和认识环境的内

---

① 马克思，恩格斯.马克思恩格斯选集（第一卷）[M].北京：人民出版社，1995：16.
② 马克思，恩格斯.马克思恩格斯选集（第一卷）[M].北京：人民出版社，1995：17.
③ 马克思，恩格斯.马克思恩格斯选集（第一卷）[M].北京：人民出版社，1995：16.

涵和意旨，即应将环境视为一个具有变化性的和圈层结构的对象，它有显著的层次性、结构性和相对性。如果从思想政治教育的角度来看待环境，那么，它就不再仅意味着是一种外在环境，其中还涉及精神和思想层面，是一种以交往、交换为内核的社会场域。简单地说，用于思想政治教育用途的环境，既包括了自然范畴的环境，也包括了社会环境和精神环境，并且，后者的作用是大于前者的。马克思认为人与环境是一种双向互动的关系，所以，将这种关系思想运用在思想政治教育中时，就需掌握好人与环境关系的重要结合点与切入点，尤其是要善于掌握好个体自身的内在与外在、个人与群体、个人与社会等对偶元素之间所形成的相应环境及其互动关系，以防止出现人与环境之间相互分离或相互割裂的现象。

其次，在思想政治教育中运用马克思人与环境关系的思想时，应重视人在环境中的能动性，以及环境对人的影响这两方面的内容。思想政治教育是一项指向政治社会化的长期工程，也是立足于人与环境的现实，要在解决人与物、人与自我、人与人（社会）等多重关系中创造并利用好自然的、社会的和精神的环境来推动思想政治教育发展、提升人的思想政治价值和素质的活动。[①] 依据马克思人与环境关系的思想，人与环境都是非常重要的因素，所以在进行思想政治教育活动时，不能偏向于其中一种，而应该均衡地对待两者，以发挥人和环境的互动作用。马克思认为，人是具有个性的，同时在社会关系中，人也具有社会化属性。而在思想政治教育活动中，人就是活动的主体，作为思想政治教育的主要参与者，人必须在思想政治教育过程中实现主体性，这个主体性自然而言也就产生了人在整个思想政治教育系统中潜在的能动性和领导力。其中必须说明的是，不管是教育工作者还是被教育者，在思想政治教学过程中都是带有主体的人，都必须充分发挥主体性和主动性，只不过受思想政治教学的属性和流程所限制，教育者必须永远占有主导作用，充分发挥主导性；但受教育者也存在着主动性，必须充分发挥主动性和积极性。以上是人在思想政治教育工作中的作用，再看环境。在思想政治教育活动中，它是客体，是外在的因素，但是，却能够直接对作为主体的人以及其他相关要素产生影响。所以，在看待环境时，过于重视其作用或过于忽视其作用，都是违背科学性的。需要科学地、理性地看待人与环境的关系，用马克思人与环境关系的思想作为指导，来对待人与环境的关系。在这一过程

---

① 宇文利，杨席宇. 马克思恩格斯"人与环境"关系论及其思想政治教育应用 [J]. 思想教育研究，2016（5）：26-30.

中，既需要每个参与活动的人都充分地调动和进一步发展自己的主动性，始终将人的因素视为整个思想政治教育系统的核心内容，调动人的主观意识，体现人的主观价值，同时又要减少对不良环境的制约与影响，从而创设出有利的思想政治教育教学生态与环境。

再次，在思想政治教育中运用马克思人与环境关系的思想时，还需要注重实践的作用。在对马克思对于人与环境关系的思想进行分析时，可以看出，马克思与其他哲学家之所以在看待此问题时出现了本质性的差异，其根本原因就在于马克思重视实践的作用。实践不能缺少理论的指导，而是在实践过程中，又可以发现理论的不足之处，进而让理论更加完善。所以，在有关人与环境的关系的论述中，理论是必然包含的部分，但是最终，还是要依靠实践去验证，人的本质之中就包含了实践性。所以也可以这样理解：人与环境的关系，本质上就是一种实践关系。无论是环境对人产生影响，还是人对环境进行改造，其前提都是实践；如果缺少了实践，人就没有办法发挥能动性，也就没有办法和环境产生互动，两者之间也就不再存在相互依存的互动关系。思想政治教育教学就是一种依靠实践而存在的教学活动，如果缺乏了实践只有空泛的理论，其也就无法长久地存在，只有在理论的指导下不停地去应用去实践，才能够不断地让理论更完善，进而更好地去应用，并不断获得成果。因此可以说，应用性和实践性是思想政治教育的生命之所在。我国开展思想政治教育已经有了较长的一段时间，在这期间，专家学者们勇于开拓和研究，在理论方面硕果累累，而想要获得长足的发展，用思想政治教育教化人心，提升全民素质，对思想政治教育的研究就不能仅仅停留在理论层面，还需要到实践中去。理论成果和思想创获为思想政治教育实践提供的只是思想指导、理论准备和精神条件，从某种意义上说是提供了一种开展思想政治教育实践的理论环境、思想环境和精神环境。[①] 开展思想政治教育需要把这种思想的、理论的和精神的环境因素纳入思想政治教育实践中来，在尊重实践的质性、发现实践的机缘和把握实践的规律中实现人的因素与环境因素在思想政治教育实践过程中的有机结合。[②] 怎样进行理论和实际的紧密结合，用科学的理论指导思想政治教学的具体实践，在

---

① 宇文利，杨席宇．马克思恩格斯"人与环境"关系论及其思想政治教育应用 [J]．思想教育研究，2016（5）：26-30．

② 宇文利，杨席宇．马克思恩格斯"人与环境"关系论及其思想政治教育应用 [J]．思想教育研究，2016（5）：26-30．

实践中提高思想政策教学的有效性、实现思想政治教学的新目标与特点,这仍然是思想政治教学教育工作者们所面对的主要任务。

二、思想政治教育与思想政治教育环境

(一)思想政治教育的概念

对于思想政治教育的概念,目前来看尚不能统一,学者们以不同的视觉和范围对其进行了分析和界定,总的来说,主要有以下五个种类:

第一种,认为思想政治教育就是政治思想教育,是为了实现人的政治社会化而进行的思想教育,具有较强的阶级性,教育的重点是对人们政治思想和观念行为的培养。第二种,认为思想政治教育就是思想教育,目的在于提高人们的思想素质,教育重点在政治思想、哲学思想、法治思想、道德品行、审美情趣的提高等方面。[①] 第三种,认为思想政治教育既包含思想教育,又包含道德品质教育。教育不仅要实现人在思想上的转变,更要塑造人的道德品质,实现人在道德认识、道德情感、道德意识和道德行为上的统一和提高。[②] 第四种,认为思想政治教育虽然包含思想教育、政治教育、道德教育,却不能从根本上意识到思想政治教育的核心是在"育人"。所以要改变人,就必须了解人的心理,而心理健康教育就是思想政治教育的核心。要以人的自身心灵认识为出发点,唯有进行自身的心灵认知方可有效调动人的积极性和创新能力,使人发挥主观能动性,完成人的思维与行动上的真正改变。第五种,认为思想政治教育的范围要更广泛一点,既包括思想、政治教育,又包括道德、心理健康教育,所有触及以人为对象的思想范围内的教育活动,都能够归入思想政治教育的范围中。

对于思想政治教育的概念,除了以上五种界定方式,还有其他一些著名的专家学者,也有自己独特的认知。如张耀灿认为,思想政治教育应当从社会实践活动的角度出发,使人们的思想品德与思想政治教育相契合,人们的行为活动必须符合社会、阶级的需要,人们要有正确的思想观念、政治理念与道德规范,并且要有计划、有目的、有组织地影响他人。[③] 陈秉公认为:"思想政治教育就是一定阶级或政治集团,为了实现其政治目标和任务而进行的,以政治思想为核心与

---

① 王欣. 新时代高校思想政治教育环境优化研究 [D]. 南昌:南昌大学, 2020.
② 王欣. 新时代高校思想政治教育环境优化研究 [D]. 南昌:南昌大学, 2020.
③ 王欣. 新时代高校思想政治教育环境优化研究 [D]. 南昌:南昌大学, 2020.

重点的思想、道德和心理综合教育实践。"① 邱伟光认为："思想政治教育是指社会或社会群体用一定的思想观念、政治观念、道德规范,对其成员施加有目的、有计划、有组织的影响,使他们形成符合一定社会所要求的思想品德的社会实践活动。"②

虽然各位学者对思想政治教育的概念各有各的认识,但其中是有着相似之处的。综合以上所有内容,笔者认为,思想政治教育是一种通过对人的思想进行有计划、有目标的改造而改变其行为的教育活动的总和,其开展的主体是中国共产党,在过程中运用的指导理论为马克思主义理论,此活动的目标是实现中华民族的独立和复兴、建立社会主义和谐文明的社会。

（二）思想政治教育环境的概念及特征

1. 思想政治教育环境的概念

思想政治教育面对的主体是人,而环境又是不可忽视的因素,人能改造环境,而环境也能影响人,研究思想政治教育,就离不开思想政治教育环境。我国的诸多学者也认识到了这一点,因此针对此领域也进行了较为深入的研究。在我国,对于思想政治教育环境开展研究最早开始于20世纪80年代初期。张蔚萍、张俊南在他们的著作《思想政治工作概论》中,提到的"社会风气"就是一种对思想政治教育环境的具体描述,该书也是我国首部提及思想政治教育环境相关概念的著作。而后,张耀灿在其主编的《思想政治教育学原理》中,对思想政治教育环境进行了明确的定义,他指出："思想政治教育环境是教育工作者根据一定的教育目的,有计划地选择、加工和创造的对人们发生感染、激励、鼓舞、促进作用的环境,它要求具备一定的场所、条件等客观因素。"③张耀灿的研究为其他学者指出了明确的方向,因此在这之后,如陈秉公、罗洪铁、邱伟光、郑永廷等诸多学者,均在自己的著作中对思想政治教育环境有了系统的论述。总的看来,当前对于思想政治教育环境的概念,学者们并没有形成统一,但其中存在着一些共性,对其进行划分,大体包括了以下三种看法：

首先,一些学者从思想政治教育活动和人的思想品德形成着手,对思想政治教育环境的概念进行了论述。如仓道来在《思想政治教育学》中对思想政治教

---

① 陈秉公. 思想政治教育学原理 [M]. 北京：高等教育出版社, 2006：2.
② 邱伟光, 张耀灿. 思想政治教育学原理 [M]. 北京：高等教育出版社, 1999：4.
③ 张耀灿. 思想政治教育学原理 [M]. 武汉：华中师范大学出版社, 1988：224.

育环境做了如下界定，他认为：思想政治教育环境是指"在思想政治教育过程中，人们所直接接触到的，影响思想政治教育活动及影响人们思想品德形成的周围外部条件的总和"①。张耀灿、郑永廷、吴潜涛、骆郁廷在《现代思想政治教育学》中认为"思想政治教育环境是指影响人的思想品德形成和发展，影响思想政治教育活动运行的一切外部因素的总和"②。在侯坤、段冉的著作《思想政治教育学原理》中，在界定已有成果的基础上，认为"思想政治教育环境是指人的思想形成、发展和思想政治教育活动中与之交互作用的一切外部因素的总和"③。

其次，一些学者从教育对象着手，对思想政治教育环境的概念进行了论述。如陈秉公在《思想政治教育学》中就认为，思想政治教育环境指的是"思想政治教育所面对的环绕教育对象周围并对其产生影响的客观事实"④。从中可见，陈秉公将思想政治环境看作是一种客观事实，其存在的前提是能够环绕在教育对象周围并能对其产生影响。

最后，还有一些学者从思想政治教育活动着手，对思想政治教育环境的概念进行了论述。如沈国权在《思想政治教育环境论》导论中指出："影响思想政治教育活动开展的各种外在条件和因素的总和，主要包括思想政治教育活动所实施所处的社会大环境和教育对象所处的内部小环境"⑤。杨业华则认为思想政治教育环境包括了广义和狭义两个层面："广义的思想政治教育环境是指影响思想政治教育活动的一切环境因素的总和；狭义的思想政治教育环境是指思想政治教育主体间在思想政治教育活动过程中依据一定的教育目的，有计划有选择地加工和创造，对思想政治教育活动产生影响的环境因素。"⑥ 而这两个层面上的思想政治教育环境的影响力是不同的，前者的范围更广，后者则更具体、更深刻。

虽然学者们在思想政治教育环境的概念界定上并没有形成统一，但是因为他们看待问题的角度是不同的，所以对思想政治教育环境概念的论述，也呈现出了

---

① 仓道来.思想政治教育学［M］.北京：北京大学出版社，2004：112.
② 张耀灿，郑永廷，吴潜涛，等.现代思想政治教育学［M］.北京：人民出版社，2006：294.
③ 侯坤，段冉.思想政治教育学原理［M］.成都：电子科技大学出版社，2016：161.
④ 陈秉公.思想政治教育学［M］.延吉：延边大学出版社，1997：333-334.
⑤ 沈国权.思想政治教育环境论［M］.上海：复旦大学出版社，2002：导论P1.
⑥ 杨业华.思想政治教育环境需要深化研究的若干理论问题［J］.马克思主义研究，2010（6）：131-132.

较为全面的角度。在此基础上,笔者结合自己浅薄的经验,认为思想政治教育环境是诸多因素的总和,而这些因素均能够在对教育对象进行思想政治教育的活动中对其思想品德方面产生影响。简单地说,想要形成思想政治教育环境,必须有两个基本条件:第一个基本条件,是能够对教育对象的思想品德产生影响。而这个影响既可能是积极的,也有可能是消极的。如果所产生的影响是积极的,受教育者就可以利用这种影响的正面效果,让自我的思想品德水平得以提升,使自我获得完善;如果所产生的影响是消极的,受教育者可以锻炼自己学会排除环境带来的不利干扰,扬优汰劣。第二个基本条件,是思想政治教育活动的开展。在教育场所中开展思想政治教育活动,可以引导受教育者的思想向着积极、有利于社会和谐发展的方向转变,并通过影响他们的思想来改变他们的行为,所以,无论是何种教育场所,都可以利用自我拥有的教育资源和已经形成的教育环境,开展相关教育活动,来发挥思想政治教育的作用。

2. 思想政治教育环境的特征

思想政治教育环境是一种客观存在于人们周围的真实环境,其具有以下五点特征:

(1) 广泛性

思想政治教育环境的广泛性,即思想政治教育环境随处可见、无时不有。这一特征可以从时间、范围以及空间等方面来分析。从时间的维度上来看,思想政治教育环境既存在于历史之中,也存在于当下时代之中;从范围的维度上来看,家庭是思想政治教育环境的一部分,学校也是思想政治教育环境的一部分,社会仍是思想政治教育环境的一部分,除了实际能够划分出的场地范围,还有舆论形成的思想政治教育环境;从空间的维度上来看,思想政治教育环境有存在于真实环境中的,还有存在于网络等虚拟环境中的。综上所述,我们可以认为思想政治教育环境是一种广泛的、普遍的系统性环境。

(2) 复杂性

思想政治教育环境的复杂性特征具体表现为"影响因素的广泛性、影响性质的多重性、影响方式的多样性"[1]。

影响因素的广泛性指的是,不仅会受到社会环境的影响,还会受到自然环境的影响。人与人之间的关系构成了社会关系,多重社会关系构成了社会关系环

---

[1] 张耀灿,郑永廷,吴潜涛,等. 现代思想政治教育学 [M]. 北京:人民出版社,2006:298.

境，而所有的人都处于社会关系环境之下，其中存在的不同因素，就会对人们产生影响；除此之外，人们还生活在自然环境之中，是一种自然物，所以自然界中存在的一切因素，如空气、土壤、水资源等，也都会对人产生影响，而人们又不断地通过实践活动在对自然进行改造，使自然界不断发生着变化，而这些变化又会反过来作用于人，对人产生不同的影响。

顾名思义，影响方式的多样性指的是产生影响的方式是多种多样的。以高职院校的大学生为例，他们能够接触到的群体主要包括同学、朋辈、教师、家长等，无论是哪一个群体，无论以何种方式，都能够对他们的思想以及行为产生一定的影响。如常接触的同学和老师，他们的思想、处事方式、行为、态度等，都能够潜移默化地直接影响大学生；而经由朋辈通过传授的方式所接收到的经验，也能够间接地影响大学生。除此之外，教师在授课时所采取的方式、教育态度是否积极，以及父母对孩子关怀时所采取的方式等，也会对大学生产生较为深刻的影响。以上均属于不同的影响方式，它们对大学生所产生的影响是存在差异性的。而就像前面曾提到过的，环境对人的影响有积极和消极两个方向，影响方式对大学生所产生的影响也是如此。面对此方面的问题时，尤其是在面对消极的影响时，不同的大学生所选择的面对方法也是有区别的，这就体现出了人个性方面的差异。一些大学生勇于面对挑战，不害怕面对困难，他们就能够在逆境中迎难而上，最终摘取胜利的果实，并能够将在这一过程中所做的努力转化为自己的能量；反而，那些本身就缺乏挑战精神的学生，在面对逆境时，很可能就会选择放弃努力，被逆境征服，不再寻求进步，也就不会再有任何收获。

（3）特殊性

思想政治教育环境的特殊性，可理解为每个人所面对的思想成长环境，都是独特的、特殊的。从宏观角度来看，思想政治教育环境是一个庞大的系统，它又是由不同的微观系统所组成的。那么人又因为种种因素的限制，是不能够接触到整个思想政治教育环境系统的，所能够接触到的环境是有一定限制的，所以其所接触到的环境与其他人所接触到的环境相比，必然是与众不同的，具有特殊性的。除此之外，这个特殊性还包括了受教育程度的不同。我国地域辽阔，虽然物产丰富，但也造成了贫富差距的产生。在一些较为富裕的地区，接受高等教育的人群占比就会大一些，学生家长的眼界会更加开阔，除了注重学生的文化课教育，也会注重对学生思想品德等方面的培养；而一些经济较为落后的地区，人们会将更多的精力放在生存上，很多学生在高中甚至初中毕业后，就走入社会，且代代如此，这就导致了家长的教育观念较为淡薄，无论是对于学生的文化课还是思想教育都重视不足，在这种情况下，能够走进大学校园的学生是十分有限的，而即使他们迈进了大学的门槛，与第一类学生相比，在思想观念、道德水平、价值观等方面也会表现出较大的不同。这就是思想政治教育环境的特殊性的另一种表现。

（4）育人性

育人性指的是思想政治教育环境所具有的教育人的作用，其包括了正面育人和反面育人两种影响。思想政治教育环境是一个庞大的系统性环境，环绕在人们的周围，人们时时刻刻都身处其中。以大学生为例，其所处的思想政治教育环境对其能够产生的影响，是表现得最为显著的。所谓的正面育人，指的是与大学生一同学习和生活的优秀同学、朋辈等，或是通过自身的努力取得了优秀的成绩，或是因为具有让人欣赏的道德品质、良好的言谈举止、积极向上的价值观等，而被大家所喜爱，并对其行为进行赞扬或以其作为表率，这些正面的例子就能够为其他大学生提供范本，以其作为榜样进行努力，就能够获得同样的赞扬和肯定。而反面育人，则是指当一些同学、一些朋辈等，因为具有不良行为或低下的道德品质、败坏的言谈举止等，不被人们所喜爱，甚至指责他们的行为时，就能够对其他大学生起到警示作用，从而对照其行为发现自己的不足之处，并积极地进行改进，以免与其成为同流之人，以这样的方式而达到思想教育的目的。用环境育人还有与死板的说教不同的一个优点，即以无形的方式、潜移默化地让人接受思想教育，并最终达到用思想的转变影响行为发生转变的目的，这也是思想政治教育环境育人性的又一个特征。我们每一个人的身上或多或少都具备模仿和学习的天性，那么在生活和学习的环境中，通过周围人的行为、言语对大学生的思想进行引导，就能够让大学生在不知不觉中不断地提升自我、规范自我。

（5）可创性

思想政治教育环境的可创性"是指环境作为影响思想政治教育客观存在条件的总和，具有社会历史发展的客观属性，它是动态变化和可以被创造的"[①]。思想政治教育环境的这一特征有两方面的表现：其一，表现为思想政治教育环境在持续地进行发展。相对来说，在一个时代之中，思想政治教育环境是变化较小的。然而，我们的社会在不断地迅速发展，所以必然社会环境也在不断地变化，

---

① 王新刚. 反思与构建——思想政治教育基础理论发展研究 [M]. 北京：知识产权出版社，2013：135.

发展的目标也要求也随之而变化，所以，当思想政治环境与当下时代发展的目标或要求不符时，人们就会对其进行改进，使其符合当下的时代特征和人的特征，才能够更好地发挥育人作用。其二，稳定的大环境之下以新的小环境来进行育人。思想政治教育环境是环环相扣的生态系统圈层，而在一个时代之中，除非有大的变故，否则其实际上是处于一个相对稳定的状态中的，而在小的圈层中，可能会出现新的矛盾，此时，就可以根据现有情况，有目的、有计划地改变小的环境，使其变成能够解决新矛盾的存在，创造出更有利于受教育成长的环境。与大环境相比，小环境对大学生的影响会表现得更迅速、更直接，对受教育者产生直接影响。例如，相比来说，校园是一个大的思想政治教育环境，其是相对稳定的，而我们可以在这一个大的环境中，创造新的小环境，如学习兴趣小组等，让参与成员能够通过互相帮助、督促等方式开展学习活动，以通过共同的努力，获得共同的进步。

（三）高职院校思想政治教育环境的概念、特点及功能

1. 高职院校思想政治教育环境的概念

高职院校思想政治教育是在中华人民共和国成立至今，在中国共产党指导下采用了马克思主义的世界观和方法论，并通过认真总结高等院校思想政治教育的发展经历，进一步深入认识其科学发展的客观规律，而逐步形成并开展起来的。其主要教学对象为高等院校的大学生，其教学目的主要是培育德智体美劳全面成长的社会主义事业优秀建设者和接班人。从当先的时代特征入手，以高等院校思想政治教育的教学目标来看，笔者认为高等学校的思想政治教育环境就是指环绕在高等院校大学生身边的，对高等院校思想政治教育教学行为及大学生思想品德的产生与发展产生作用的所有外界环境条件与要素的总和。

2. 高职院校思想政治教育环境的特点

（1）广泛性

高职院校思想政治教育环境具有广泛性，指的是其涵盖的方面广、范围大，且非常普遍。这种广泛性具体来说包含了两个层面的含义：其一指的是组成高职院校思想政治教育环境的因素的方面广、范围大，是由多种不同的环境因素所共同组成的一种复杂的环境系统；其二指的是高职院校思想政治教育环境的影响和作用范围大，即高职院校思想政治教育环境对教育主体的思想、行为等，产生较为广泛和全面的影响。除此之外，这种广泛性还能够从以下四个维度进行更为具

体的理解。

一是时间维度。以此维度来看,高职院校思想政治教育环境随处可见、无时不有,其既存在于历史之中,也存在于当下时代之中。当下时代中的学生虽然生活在现代,但是其所接受的思想道德教育并不是形成于现代的,其中有现代的痕迹,但也有对前人思想的继承,具有历史性和继承性的特征。以一所高职院校来具体看待这个问题会更加清晰、具体,如一所高职院校的校风、教风、学风等,都属于思想政治教育环境,而这些环境的形成,有当下学校领导层的参与,也有自办学以来学校发展中各种精神文化的传承和弘扬。而作为受教育的主体,无论在何种时间内所受到的环境的影响,都会对其一生的思想和行为产生影响。所以说,高职院校思想政治教育环境在时间维度上具有广泛性。

二是教育条件维度。一个人的思想道德的产生、发展主要受包括自然环境和社会环境等在内的多方面的综合影响,在思想道德形成的过程中,也会接受来自物质条件以及精神条件等多方面的系统性因素影响,这对其人格的形成是至关重要的。在人类社会活动中,如经济、社会文化等诸多方面的因素均会对人格的塑造产生影响,不论是间接的或是直接的,都将在一定程度上直接影响人的价值观和道德品质,这些虽然有的是在学校范围之外的,但是也可看作是高职院校思想政治教育环境和条件的一部分,所以在教育条件维度来说,同样具有广泛性。

三是构成因素维度。高职院校思想政治教育环境的构成因素包含的范围十分广泛,划分方式也十分多样化。按照地域的不同,可分为国际环境和国内环境;按照性质来说,可分为社会环境和自然环境;按照空间来说,可分为现实环境和和虚拟环境。而无论以何种方式进行划分,它们都能够对受教育者产生不同的影响。除此之外,还包括有诸多交叉但客观上存在的因素,比如人际关系环境、家庭关系等。

四是作用范围维度。学生在高职院校这一环境中生活和学习,依照马克思环境可以影响人的理论来说,无论是直接的还是间接的,学生都会受到环绕在其周围的环境所带来的诸多影响;且所产生的影响并不是仅限于正面的,也会有消极的影响,所以影响也是多样化的。这些构成教育环境的诸多影响因素,会潜移默化地影响受教育者的人格塑造以及道德培养,也就是说,人的个体特征的形成虽然与遗传等因素有关,但更多的是受到教育环境和社会环境的熏陶影响所致。而之所以说高职院校思想政治教育环境的作用范围广,则是因为其不仅能够影响到当前在校的学生,离校走入社会的学生的思想和行为也会留有其痕迹,并且会将影响范围不断地扩大到同事、朋辈、家人,甚至是下一代人之中。

(2) 复杂性

复杂性普遍存在于我们所生活的世界中,是一种事物的普遍特性。主要指的是由于总体和部分间的非线性关联,导致人们很难透过局部来理解总体,甚至由总体无法推论出各个部分。"从主观的角度而言,复杂性是一种思维方式,这种思维方式表现为非线性思维、整体性思维、关系性思维、过程思维等。"① 高职院校思想政治教育环境同样具有复杂性,而且包含了两个层面:构成环境因素的复杂性以及环境对人的影响的复杂性。

一是构成高职院校思想政治教育环境因素的复杂性。任何一种环境都是一个由各种因素构成的复杂的环境系统,高职院校思想政治教育环境同样如此。而所有事物的复杂性主要产生的原因是总体和部分之间的非线性关联,所以,对于高职院校思想政治教育环境的复杂性,笔者将从整体和部分两个层面进行分析。其一,是高职院校思想政治教育环境整体上的复杂性。这个问题可以从两个方面来看待:一方面,高职院校思想政治教育环境是由众多的与之相关的环境因素所共同构成的,这些因素不仅数量庞大,而且不同的因素之间还会存在包含、互斥或交叉关系,比如:网络环境与舆论环境之间存在交叉关系,社会环境与文化环境也存在交叉关系,文化环境与学术环境之间又存在包含关系,这种交叉和包含等关系,就使得难以对构成因素进行清晰的分类,对其性质的分析也变得更为困难,也让高职院校思想政治教育环境这一整体变得更加复杂。另一方面,高职院校思想政治教育环境并不是静止不动的,其也一直在变化和发展。高职院校思想政治教育环境虽然本身就是一个复杂的环境系统,但是其也是世界整体环境中的一小部分,而世界上没有什么事物是静止不动的,一直都处于变化的状态之中。例如,无论当前我国的社会环境与改革开放前对比,甚至是与新中国成立前对比,都发生了巨大的变化,而现在,其也处于一种不停的发展变化状态之中。而自然环境也在一直变化,其变化相对于社会环境来说,是比较缓慢的,但并不是说变化是不存在的。因此可以这样认为,环境整体是变化的、动态的,也是复杂的。而无论是从高职院校思想政治教育环境本身来看,还是将其作为大环境的一部分来看,其也都是处于变化之中的。其二,环境构成部分的复杂性。整体是由诸多部分组成的,组成整体的这些部分之间有的相互独立,有的相互联结,而整

---

① 张耀灿,郑永廷,吴潜涛,等. 现代思想政治教育学 [M], 北京:人民出版社, 2006:298.

体和部分之间并非线性关联,因此,如果整体出现了变化,并不意味这部分也会出现变化;反之同理,如果部分出现了变化,并不一定能够影响整体,使整体出现相应的变化。这一逻辑应用到思想政治教育环境中,就是宏观环境与微观环境间的关系。宏观环境发生了一些变化,然而微观环境可能没有变化;宏观环境没有发生变化,但微观环境却发生了变化等。

二是高职院校思想政治教育环境对人的影响的复杂性。高职院校思想政治教育环境对高职院校大学生的影响同样具有复杂性,其表现在多个方面,包括了影响的性质、方式和力度等。其一,影响性质的复杂性。营造高职院校思想政治教育环境,其主要目的是让其对受教育的大学生产生积极的影响,然而,在实际的操作中,因为构成环境的因素本身具有多样性和复杂性,其中某一或某些因素的不可控,就会使环境的影响性质出现变化,使影响不仅有良性的、积极的、先进的,还会存在恶性的、消极的和落后的,这些复杂的因素均会对高职院校大学生的思想和行为产生影响。除此之外,因为个体的成长是具有差异性的,所以,即使在校园中大学生们面对的是相同的思想政治教育环境,对不同个体所产生的影响也是不同的,且不同的个体在环境的选择和适应方面也存在很大不同。其二,影响方式的多样性。高职院校思想政治教育环境对高职院校大学生的影响一般可以分为以下几种方式:"教育与环境的相互影响,环境对教育的单一影响;直接的影响,间接的影响;广泛的影响,个别的影响;深入持久的影响,浅层的偶然的影响;真实的影响,虚假的影响,等等。同时,这些影响方式又是交织在一起的,从而进一步增强了思想政治教育环境的复杂性。"① 其三,影响力度的多变性。与宏观环境相比,微观环境的范围要更小一些,其往往是和某些特定人群关联得比较紧密的一种环境,所以其对该类人群就会产生较大的影响力,但这并非绝对;有些微观环境与某些特定人群的关联不太紧密,那么环境对其影响力也就表现得更微弱。并且,即使人们处于相同的微观环境中,面对不同类型的人,环境的影响力度也不尽相同。

(3) 发展性

高职院校思想政治教育环境所面对的主体对象是大学生,也就是人,而人是具有变化性的,随着时间的推移和空间的转换,人一直在不断地发生着变化,而作为具有属人性的高校思想政治教育环境,也就自然具有了发展性这一特点。对

---

① 张耀灿,郑永廷,吴潜涛,等. 现代思想政治教育学 [M],北京:人民出版社,2006:298.

于这个特点，我们可以从以下两方面进行分析。

首先，马克思认为，只有绝对的运动，没有绝对的静止。此论点对于任何事物来说都同样适用。而环境也是一种客观存在的事物，所以无论是社会大环境，还是高职院校内的思想政治教育环境，也都处在一种不断发展的状态中，具有发展性。例如，当前的政治教育环境与之前相比，因为社会经济条件的进步、人们受教育程度不断提升等，人们的思想和行为都发生了较大的变化，这也促使了教育条件不断的变化，自然也改变了教育环境。可见，高职院校思想政治教育环境，是处在一种不断变化的形式之下的，是一种动态的且不断变化的环境。所以对于构建教育环境的一方来说，就需要根据教育环境的发展性特征，以及受教育者的多样性，来建立当前的教学目标。且在施教的过程中，还需要充分发挥创意性，建立一种比较适合于当前情况的教育模式，以保证教学目标的顺利实现。

其次，在空间上的范围广。之所以将如今的高职院校思想政治教育环境看作是一个复杂的环境系统，是因为其构成是复杂的、范围是广泛的。从空间角度来分析，已经不再仅限于校园内的环境。这是因为思想政治教育的受教主体是大学生，教育的目的是让大学生的思想观念向着有利于我国社会发展的方向转变，进而影响其行为，而大学生所接触的环境除了校内，还有社会环境、家庭环境等，这些环境也会对其思想观念产生影响，所以其所接受到的并非单一的校园教育环境的影响。因此，在空间上就具有广泛性特点，不再仅限于校园内部的环境，界限是较为模糊的。且当前的时代是信息时代，全球一体化的趋势让人们打破了空间和实践的限制，利用基本已经普及的互联网，信息的交换不仅能够发生在一定的地区范围内，还可以是全国范围内，甚至是全球范围内，这也使得思想政治教育环境的范围被无限地扩大和拓展。

（4）可塑性

思想政治教育环境的可塑性，是指思想政治教育环境中的部分因素可以在人的干预下发生改变，其目的是更好地提高思想政治教育活动的实效性。[①] 针对高职院校思想政治教育环境的这一特点，我们可以从以下两个方面来具体地进行分析：

一是环境可塑性的"相对性"。环境可以看作是一个人所生活的空间，是一种存在于外界的现实空间，而一个人所能够接触到的外界空间是有限的，其所能

---

① 柏银. 新时代高校思想政治教育环境建设研究 [D]. 西安：陕西科技大学，2021.

接触到的空间就是与之有着最密切联系的环境，但这部分环境对于整体环境来说是一个局部，因此我们可以说，能够对人产生影响的环境是局部的、具体的、特定的环境。因为这部分环境与人的关系最为密切，所以对于此环境，人可以通过能动性对其产生影响，使其发生一定的改变。这种改变即为对环境的塑造，具有相对性特征，而对于思想政治教育环境可塑性的相对性，则可以从以下两方面来进行分析：其一，可塑性是相对的一个概念。高职院校思想政治教育环境包含的范围是广泛的，以环境的范围来说有校内环境也有校外环境，以环境的性质来说有自然环境也有社会环境。以教育者的视角来看，校内环境属于局部环境，是能够发挥能动性使其发生改变的空间，而社会环境相对来说就是一个大环境，是不受教育者能力控制的，无法通过发挥能动性而使其发生改变，所以属于"不可塑"环境，对于社会环境只能受动。而如果将环境的主体换成是国家的管理者，则社会环境与之是有密切关系的，具有"可塑性"，能够通过能动性对其进行改变，如采取发布政策、改革法治、控制经济等手段，就能够改变社会这一环境。所以说思想政治教育环境的可塑性具有相对性特征，是一个"相对"概念。其二，对环境的塑造力度同样具有相对性。从教育者的角度来看，对环境的塑造力度的大小也是相对的，简单地说，即使是相同的主体，当面对的环境范围不同时，对环境的塑造力度也不同。如在高职院校中，教育者能够通过对教学方式、教学目标等进行改革，而让校内的思想政治教育环境发生改变，塑造更有利于提高思想政治教育实效的环境，但是，面对社会这个大环境时，却无法使其发生改变；而换个角度，虽然国家的管理者阶层能够使本国的社会环境发生改变，但是，面对国际这一更大的环境时，也不能使其发生改变。

二是环境可塑性的"局部性"。以思想政治教育教学工作环境建设者的视角来分析，教育环境可以根据与之密切的程度分为两种类型，第一种是"不可塑"的环境，第二种是"可塑"的环境。社会环境对其而言是一种大的环境，联系是不密切的，所以无法通过能动性使其发生改变，但也并非完全无法对其产生影响，如可以通过不断改变受教育者的思想和行为，而逐渐净化社会环境，久而久之，自然就可以使社会环境向着需求的目标而变化，只是时间是比较漫长的。而与思想政治教育工作联系较为密切的环境，包括学校环境、工作环境、家庭环境和社交环境等，以教育者的角度来看，这些对于社会环境而言均属于小环境，是能够发挥能动性使其发生一定变化的，表现为完全可塑或局部可塑。完全可塑的是教育者能力范围内的环境，如学校环境和工作环境，部分可塑的是部分处于施教者范围内的环境，如家庭环境和社交环境。那么，对于完全可塑的这部分环境，教育者就必须尽一切可能地根据教学目的，去设计、重塑和影响小环境。所以，"从思想政治教育角度看问题，不论是大环境还是小环境，都不是纯粹自在的环境，而是人为的或者有人为因素的环境，是教育者设计、塑造、影响和净化的结果。"① 思想政治的教育者正是基于教学环境可以被人认识和改变这一特点，主动建设和优化思想政治教育育人环境，来发挥环境的教育功效。思想政治教育者唯有最大限度地控制和运用可控的这部分小环境，才能取得最佳的教育效果。

3. 高职院校思想政治教育环境的功能

如骆郁廷所说："思想政治教育环境的功能，其实指的就是思想政治教育环境在其他相关要素的推动作用下，所产生出来的一种功效。在实践活动中，不仅有着环境作用于人，也有着人的能动作用于环境，两者是辩证统一的"。②

（1）物质保障功能

马克思和恩格斯曾指出："全部人类历史的第一个前提无疑是有生命的个人存在。"③ 环境和人是互动的、相互依存的一种关系，人无法离开环境而生存，而人的存在又是整个社会活动的基础。建设高职院校思想政治环境的过程，实际上也是人在小范围环境中所开展的一种实践性活动。而高职院校思想政治环境的建设活动已经顺利开展很多年，就必然存在着空间场所、物资、资源等多个方面的物质因素。

换言之，高职院校思想政治环境建设活动的顺利开展，也离不开这些物质因素。所以可以说，好的物质环境是保证高职院校思想政治教育工作开展的根本前提，提供全方位的物质保障，才能确保教育工作的正常开展。④ 高职院校本身就属于一种实践平台，大学生可以开阔自身的思路、眼界，全面地汲取各种知识与理论，认识不同文化，提高沟通技巧。借助大学教育这一平台，中国大学生可以极大地提高自己的知识素质、思想素质和身体素质，从而使自己的爱国主义思想和爱国情感得以提升。而良好教育环境的存在则能使思想教育活动有序进行，这是充分发挥思想政治教育功能的最主要前提条件。而经济实力的强弱也关系到教

---

① 陈秉公. 思想政治教育学原理. [M]. 北京：高等教育出版社，2006：260-261.
② 骆郁廷. 思想政治教育原理与方法 [M]. 北京：北京大学出版社，2019：250.
③ 马克思恩格斯选集（第1卷）[M]. 北京：人民出版社，2012：146.
④ 柏银. 新时代高校思想政治教育环境建设研究 [D]. 西安：陕西科技大学，2021.

育活动的开展，物质是保障教育活动开展的基础。高职院校思想政治教育的文化环境又是思想政治教育实践的组成部分，那么文化环境的好坏就决定了受教育者文化水平和文明素养的高低。[①] 从文化程度的角度而言，受教育者的文化程度的高低和受教结果的高低存在直接的关系。一般说来，受教育者的文化程度愈高，也就愈能够使自己的行为迅速符合社会文化的行为准则。思想政治教育的实施仍然取决于社会环境，良好的社会环境可以推动教学实践的深入推进，增强教育的有效性；良好的校内教育环境、学生活动环境和藏书资料充足的图书室等环境因素，都可以使大学生感受到校内物质教学环境的优越性，而优越的环境，可以使大学生全身心地投入学习当中，去知识的海洋中遨游。而除了社会环境，自然环境在高职院校的思想政治教学方面也具有一定的作用。良好的自然环境，可以促使大学生身体更加健康，使大学生产生对生活的热情，以更加愉快的心情投入学校所开展的教育活动中去，对教育活动的进行能够产生积极的推动效果，同时，自然环境之中所包含的资源，又能够为大学生的思想政治教学实践活动带来各种教育资源。而除了现实环境，当前的时代还是信息时代，从网络上获取信息已经成为大学生的一种习惯，所以网络环境也是一项可以利用的且非常关键的环境要素，它让大学生在获取信息时不再受限于时代和空间，可以通过更为快捷的途径获取全球范围内的可用信息，更好地认清世界大环境，通过对比能够对自身的思想状态认知得更加清晰，去弊存利，使大学生获得更佳的思想状态。

（2）行为约束功能

人类生存于特定的自然和社会环境当中，环境能够对参与者产生行为约束力。而高职院校思想政治教学环境属于环境的一种，其自然也能够对高职院校大学生的思想和行动产生无形的约束，使其不符合教育目标的思想和行动受到限制，使其符合教育目标的思想和行动得以发挥。而这一约束功能，可以从以下四个方面来认识：

首先，不同的思想政治教育环境会对群体产生不同的行为约束力。好的思想政治教育环境能够规范和制约个人的言行，而恶劣的思想政治教育环境则会助长歪风邪气。一种社会风气很正的环境，会遏制不道德和消极的思想和行为的出现，从而使人向着积极和进步的方面发展。反之，一种歪曲的社会环境，则会压

[①] 周琪. 论思想政治教育环境的生成、生活形态和自觉实践 [J]. 教学与研究, 2017（10）：89-93.

制人们正确的思维和行为，把人引导向消极败坏的方面发展。例如，在我国，受中国传统观念的影响，人们在熟人较多的环境中，会更加注意约束自己的言行；而与自然环境下相比，在校园、单位、军营等社会环境中，人对自我言行的约束也会更强。

其次，思想政治教育环境对不同群体产生的行为约束力也有所不同。高职院校与中学不同，通常生源的地域性会有所扩大，大学生们来自五湖四海，而除此之外，他们之间在家庭环境、兴趣爱好、文化水平等方面也会存在一些不同；但进入同一所学校后，所处的思想政治教育环境是基本相同的。在相同的教育环境之下，受到本身固有因素的影响，以及在校期间由于学习积极性、自我约束能力等方面的差异，大学生们会产生不同的学习动机、不同的就业取向、不同的人生追求和不同的行为习惯。由此，在毕业之后，大学生们就会在知识水平和价值追求等方面呈现出较大的不同。此种不同，虽然有个人本身因素的影响，但是也不可否认环境因素所产生的作用。所以可以说，在相同的高职院校思想政治教育环境影响下，不同的群体所产生的自我行为约束力也有所不同。

再次，舆论的作用是思想政治教育环境对人具有行为约束功能的体现。校园也是社会环境的一种缩影，而大学生在其中发表言论和产生一定的行为后，就会在校园实体空间甚至是网络空间中产生一定的效应，并由他人反馈形成一定的舆论评价。而社会环境是由不同的个体组成的，这些个体在认识和观念等方面必然会存在着一些不同之处，这也就会导致相同的言论和行为在不同的其他个体中产生不同的评价，无论所产生的评价是正面的还是负面的，都能够对发表言论或作出行为的人形成一定的思想压力和反思力，进而让学生在下次发表言论和产生行为前谨慎思考，来约束自我的言行，且也会再次以舆论的评价作为衡量自我言行的标准，在不断的如此循环中，对于舆论所造成的压力和所生活的环境也会更加适应。这就是舆论约束力的表现形式和作用过程。

最后，学生的思想道德实践行为同样会受到思想政治教育环境的约束。思想政治教育环境是人所开展的实践活动的产物，人在开展实践活动时需要思想意识的指导，所以可以说，以人的思想意识为指导而产生的思想政治教育环境中，一定包含着某种价值取向和行为导向性。高职院校思想政治教育环境建设的意义，在于通过环境的影响，使大学生的思想观念和行为向着正确的方向发展，并通过对其正确行为进行弘扬、错误行为进行惩罚等手段，对其言行形成约束力，以达到弘扬正能量的目的。同时也能够让大学生学会正确判断自我与他人的言行，使其在发表言论或产生行为时作出正确选择，养成正确的思想道德观念。

（3）精神动力功能

人的思想道德和精神品格并非先天就具有的，主要是在成长中接受不同教育和环境影响的结果。在人类思想道德、精神品格的养成和动力的激发过程中，环境所产生的驱动作用是非常重要的。将这个环境的影响带入高职院校思想政治教育环境中，即可理解为高职院校的思想政治教育环境对大学生的思想道德和心理发展都具有非常重要的作用，包含着巨大的驱动作用。精神动力对人的发展具有决定性的作用，当一个人精神处于萎靡状态下时，其言谈举止也会表现出消极性，而当一个人处于精神振奋的状态时，就能够拥有克服一切困难的勇气，向着积极正向的方向奋勇前行。当前我们国家的社会发展进入了新时期，高职院校大学生是青年一代的主力，也是我们国家的希望，让高职院校大学生产生强大的精神动力，是国家发展和进步的必然需要。高职院校思想政治教育环境所具有的精神动力功能，具体来说，可分为两个前后相继的传递阶段。

第一阶段，环境围绕人产生的外在环绕力。建设优质的高职院校思想政治教育环境，往往能够给高职院校大学生施加一种环绕力量，这种力的影响，就可以使得处于校园环境当中的人与周围环境相互同化，在氛围的影响下形成了某种适应于环境中所承载价值需求的人格特质。例如：在高职院校校园环境中所出现的"学霸"在学习方面的推动力量，优秀模范同学在品德人格上的示范力量，博学多识的教师在学习方面的激励力量，以及高职院校历史中杰出校友的激励力量、先进人物和事件中的激励力量、后勤人员在帮助学校活动中的温暖力量等，都可以对高职院校形成正向的影响力。马克思明确提出了社会环境影响因素对性格养成的重大影响。高职院校大学生正处在思想观念、道德素质和性格品质养成的关键时期，因此高职院校思想政治教学环境建设就需要有目的、有计划、有组织地开展现代社会环境动力因素研究，合理利用社会舆论评估系统、科学研究与竞争机制等，为高职院校大学生的健康成长提供源源不断的精神力量。

第二阶段，外在环绕力转化为主体的内在行动力。在好的环境中，可以形成许多积极的能量，激励在自然环境中的人奋发向上，引领人类迈向真善美；恶的环境中，则蕴藏着许多负面的能量，诱导人类堕落向下，引导人走向假恶丑。而高等学校思想政治教育教学环境建设的主要的目的就是为高职院校大学生带来强有力的激励和推动力，鼓励高职院校大学生积极寻求生命价值、实现伟大生命宗旨，并以此制约和规范大学生的思维与言行。所以，外在环境的围绕能力必须要最终完成主体向内个人行为能力的转变，实现主体力量的先"内化"再"外化"，才是一次全面的主体动力传导过程。高职院校思想政治教育教学目前面临的一个难点问题就是，大学生们对社会环境建设中的优秀精神力量资源都非常熟悉，并非常认同其精神价值，但在具体落实到社会行为上就存在着很大的缺陷，通常体现为在言语上具有较高的认同性，但实际行为上却全然不同，导致这些积极的环绕能力只能停滞在第一阶段，无法进入"外化"成行为的第二步，思想政治教学的有效性也将大打折扣。

在以上两个阶段中，第一阶段属于思想政治教育环境建设与优化的重点，第二阶段属于思想政治教育工作所要落实的工作实效。两个阶段相互依存，关系紧密，高职院校思想政治教育的教育者，只有处理好第一阶段，才能够让第二阶段顺利进行；而第二阶段大学生们所产生的内在行动力，又能够作用于第一阶段，为其创造更多的精神动力之源。两者不断循环，就能够创设出更加健康活泼、积极向上的高职院校思想政治教育环境。

（四）环境对思想政治教育的作用

1. 环境激发思想政治教育活动的开展

思想政治教育环境是一个复杂的系统，同时它不是一个固化的理念，而是会在相对稳定的前提下随着时间的推移、经济的变化而发生改变，这些环境的变化或多或少会引起既定关系发生微妙的改变。[①] 例如在学校中，作为领导或教师，会不停地接受国家教育政策和最新理念的引导，进而使教育者在教育观念、教育方式等方面跟随国家指引而作出调整，而这些调整变化需要通过教育者的言行传递给受教育者，就激发了思想政治教育活动的开展。而环境是无时无刻不围绕在人的周围的，是与人的生活、学习密切相关的特定场所，环境的主体是人，人与人之间就会存在信息交流，所以环境也能够不间断地使受教育者接收到大量信息。而信息量的庞大就决定了信息来源必然是驳杂的，其中有好的部分必然也有不好的部分，如果受教育者所接收到的信息是积极的、正面的，就会被接纳和吸收，而如果受教育者所接收到的信息是消极的、负面的，就会与人的价值观念之间产生落差，这些落差无形中会产生压力，正是这种压力，会促使人们不断地展

---

① 王欣. 新时代高校思想政治教育环境优化研究 [D]. 南昌：南昌大学，2020.

开思想政治教育活动,将不良信息对人的影响降低到最小。

2. 环境为思想政治教育提供材料和场景

环境对思想政治教育的此种作用,主要有以下三方面的体现:

(1) 环境为思想政治教育提供场地

思想政治教育教学的进行,往往离不开政治理论思想的引导与教学活动的实施,思想政治教学的指导思想一般都是基于当下背景提炼的,在向大学生传授政治思想的过程中,往往需要借助特定的场地,而这些场地都属于环境的一部分。例如在校园环境中,最正式的教育活动开展方式是授课,而授课就需要有能够容纳教师和学生的教室、桌椅,以及在授课过程中所需要使用的如书本、纸质资料、多媒体音像等多种类型的资料,它们都属于学校环境的一部分。

(2) 环境为思想政治提供真实发生的教育案例

举例讲解能够让抽象的理论变得更为具象、生动,更有利于受教育者对理论进行理解。在思想政治教育中,这点尤为重要。通过正面的案例,大学生们能够理解对他们进行思想政治教育所起到的正面作用,可以激励他们对教育活动产生更为积极的态度;而通过反面的案例,则能够引起他们的警戒,避免走入相同的境地之中。无论是正面的案例还是反面的案例,都是来源于人们所生活的现实生活环境中,具有客观性,才能具有说服力。

(3) 实践活动在特定的思想政治教育环境下进行

任何一种教育活动想要获得最佳的效果,都不能脱离实践,思想政治教育同样如此。而能够为实践提供场地的就是环境,如大学生的实习活动、自愿加入的志愿者服务活动、下乡活动等,都是在特定环境中开展的实践活动。并且,在实践活动中,大学生们能够通过理论与行动的结合,更深刻地理解所学知识,同时还能够在一同参与的其他人身上学习到经验,开阔眼界,能够让自己的人生阅历变得更加丰富。

3. 环境助推思想政治教育在变化中不断向前发展

环境助推思想政治不断向前发展,主要体现在通过发挥人的主观能动作用,将负面影响进行转化。环境的组成因素是复杂的,有正面的因素就有负面的因素,所以它可以分为良性和恶性两种类型。良性环境能够促使人向着积极的方向发展,反之,恶性环境不但不会助推人的良性发展,还易使人堕落。大学生处于青年初期,刚刚成人,其价值观和人生观虽然形成但并不稳固,如果不断受到恶性环境的影响,就容易让思想观念和人生观出现偏差;但是,这也并非不可扭转,如果及时开展各种实践活动,加之正确理论教育的灌输,就能够使其产生转变,并且最终还能反过来推动思想政治教育的发展。环境具有复杂性,同时还具有发展性,是处于一种不断变化的状态之中的,环境的变化在一定程度上会打破思想政治教育客体的思想行为,产生新的矛盾,新矛盾的出现必然会实施解决路径,如此反复循环,促使思想政治教育向更高层次发展。

三、思想政治教育环境类别

对于思想政治教育环境的类别,不同的学者从不同的角度分析,使其具有很多不同的划分方式。从划分方式的共同之处来看,总的来说有四种划分类别。

(一) 二类划分法

二类划分法,就是将思想政治教育环境划分为两大类型,是一种最常见的分类方法。认同此种划分方法的有侯坤、段冉、周珊、郝毅等。在《思想政治教育学原理》中,侯坤、段冉提出:"思想政治环境按照构成的内容标准划分,可以分为思想政治教育物质环境和思想政治教育精神环境;按照构成要素的性质划分,可以分为思想政治教育的自然环境和思想政治教育的社会环境;按照影响范围的大小为标准划分,可以分为思想政治教育宏观环境和思想政治教育微观环境"[1]。在《思想政治教育学导论》中,周珊、郝毅提出:"按环境的性质不同,可以分为良性环境和恶性环境;按环境的状态不同,可以分为开放环境和封闭环境;按环境的地域不同,可以分为国际环境和国内环境"[2]。以上都属于二类划分法,此类划定法通常言简意赅、清晰明了,易于帮助人们深刻认识不同环境类型间的联系与差异,不过,通过这种划定法难以深刻认识与掌握思想政治教育环境,因此,还需要进一步细分。

(二) 三类划分法

此种划分法,发展于上一种划分法,与之相比是更为详细的一种分类方法。认同这种划分方法的学者较多,如在《思想政治教育环境论》中,沈国权提出:"根据环境因素与调节之间不同的联系,将思想政治教育环境划分为可感性环境、可适性环境和可控性环境三大类"[3]。在《现代思想政治教育学》书中,张耀灿、郑永

---

[1] 侯坤,段冉.思想政治教育学原理[M].成都:电子科技大学出版社,2016:161-162.
[2] 周珊,郝毅.思想政治教育学导论[M].成都:电子科技大学出版社,2016:171.
[3] 沈国权.思想政治教育环境论[M].上海:复旦大学出版社,2002:导论P4.

廷、吴潜涛和骆郁廷认为"思想政治教育环境按其影响范围划分，可分为宏观环境、中观环境、微观环境"①。宏观环境涵盖经济、政治、文化等方面的内容，能对全体社会成员的思想行为产生影响；中观环境是对思想政治受教育者产生影响的特殊阶段，包含了我们出生的家庭环境、求学之路必经的学校环境以及职业生涯中的工作环境等，对受教育者产生直接的影响；微观环境也叫小环境，是中观环境下的局部小环境，如朋辈群体中的宿舍小环境、学校环境中的班级小环境等。②在《思想政治教育学元理论研究》中宋锡辉提出："根据环境内容的差异进行划分，可以把思想政治教育环境分为物质经济环境、政治法律环境、历史文化环境"③。此外，梁大伟认为，"军队所处的思想政治教育环境从宏观、中观、微观的角度可以分为社会人文环境、军营文化环境和官兵认知环境三个方面。"④

（三）多类划分法

多类划分法比前两种划分方法更为全面，对思想政治教育环境进行了更深层次的、更细微的剖析，让人们能够从较为全面的角度和方位，全面地掌握思想政治教育理论知识。在《思想政治教育学》一书中，陈秉公认为"思想政治教育的环境大致可分为社会环境、单位环境、家庭环境和社交环境四种"⑤。在《思想政治教育学原理》中，陈万柏和张耀灿认为"从系统论角度，思想政治教育环境可分为外部环境和内部环境，外部环境主要包括自然环境、政治环境、经济环境、文化环境、大众传播媒介环境、社区环境、工作环境、学校环境、同辈群体环境等；内部环境包括时间环境、空间环境、语言环境、人际环境、观念环境、人格环境等"⑥。此种划分方式与前两种划分方法相比来说，具有更加细致、分类方式更为全面等特点，也更利于人们理解和掌握，但是它也存在着一些缺点，主要表现在因分类方式过多而导致出现了分类的重复交叉现象。

（四）时空分类法

岳金霞认为"按照时间维度划分，可以将思想政治教育环境划分为现时环

---

① 张耀灿，郑永廷，吴潜涛，等. 现代思想政治教育学 [M]. 北京：人民出版社，2006：295.
② 赵永叶. 大学生思想政治教育环境优化路径探析 [D]. 长春：吉林大学，2019.
③ 宋锡辉. 思想政治教育学元理论研究 [M]. 北京：中国书籍出版社，2016：228.
④ 梁大伟. 思想政治教育环境的分类及功能 [J]. 南京政治学院学报，2007（1）：126.
⑤ 陈秉公. 思想政治教育学 [M]. 延吉：延边大学出版社，1997：342.
⑥ 陈万柏，张耀灿. 思想政治教育学原理 [M]. 北京：高等教育出版社，2007：98.

境、未来环境以及历史环境"①，而这种分类方法并非仅岳金霞自己使用，在其他学者的相关著作中，也常见其身影。现时环境，即处于当下时间段内能够对人的思想和行为产生影响的一种环境，它对于受教育者具有激励、鼓舞、振奋人心等作用。历史环境，即存在于已经发生过的时间段内的，能够对人的思想和行为产生影响的一种环境，对于现阶段的受教育者来说，具有警惕、借鉴等作用。历史环境能够留给当下的人经验和教训，让人引以为戒，把握当下，更加明确自我的发展方向。未来环境，即处于今后一段时间内的，能够对人的思想和行为产生影响的一种环境，其对于受教育者来说，主要起到指导作用，能够指引大学生向着目标不懈奋斗。除了时间分类法，岳金霞还在《思想政治教育环境优化研究》中，从空间维度对思想政治教育环境进行了划分，她认为："如果从空间规模、体积大小出发，思想政治环境可分为宏观环境和微观环境；如果按照空间状态来划分，思想政治教育环境可分为开放环境和封闭环境；如果按照空间物理性质来划分，还可以将思想政治教育环境分为真实环境和虚拟环境。"②

第二节 朋辈教育环境建设的内涵

一、朋辈教育环境的内涵

（一）朋辈教育的概念

朋辈，又称同辈、同伴。在《现代汉语词典》中，"朋"有结党成群的意思，"辈"意为某类人，或是等级、类别。而"朋辈"指同辈的友人，志同道合的朋友，也就是具有共同兴趣爱好的同龄群体。由上可知，关于"朋辈"我们可以将其拆分为朋友和同辈，朋友指的就是彼此有一定的交情，同辈则强调年龄层次或社会背景等其他具有同样层次的方面。英文中朋辈为"peer"，意为同龄人、同等地位的人、相匹敌的人等。简单地说，朋辈指的是同辈、同伴、同伙等，也指拥有共同的生活背景，年龄、地位、社会背景相似的一类人。③

结合以上对"朋辈"含义的分析，我们可以这样认为，朋辈群体是指由两

---

① 岳金霞. 思想政治教育环境的分类研究［J］. 石油大学学报（社会科学版），2005（2）：82.
② 岳金霞. 思想政治教育环境优化研究［M］. 东营：中国石油大学出版社，2007：54.
③ 颜林. 朋辈教育融入高校思想政治教育研究［D］. 重庆：四川外国语大学，2020.

个或以上有着相同的生长环境、共同价值理想、同一年龄阶段的个人构成,并在生活中有共同话题彼此交流的人群。由于朋辈群体成员之间在生长环境、价值理念和年龄段等方面都非常接近,因此他们所面临的问题、需要的帮助、对待某种事物时的心态等也会产生相似之处。大学生群体,是中国高等教育中最典型的朋辈人群。学生教育,泛指任何能够影响人的身心素质发展的社会实际教学活动。而朋辈教育,则是教育者利用理论传授、社会实际活动等教学方法,提升朋辈友人思想道德素质的教育活动,在某种情形下,又可当作某种教学方法运用。

简单地理解,朋辈教育就是有着相同学历、家庭背景,共同爱好兴趣的一群人,通过不同成员之间的各种沟通交流而开展的一种自我教育活动。在国外,朋辈教育的名称一般为朋辈督导、朋辈辅导、朋辈沟通、朋辈心理咨询、朋辈事务管理等。朋辈督导侧重于自我监督,朋辈沟通主要适用于双方的协商,朋辈心理咨询则主要针对个人的心理健康问题并加以引导等。

无论是国内还是国外,人们都在人类历史的早期就认识到了朋辈教育的影响,然而,将这种教育方式正式作为一种教育方法运用在高职院校思想政治教育中,却并没有太长的时间。虽然运用的时间不长,但是学术界却已经取得了较为丰硕的成果。不同的学者从不同角度对朋辈教育的概念进行了分析,从其共同之处分析,主要分为以下几种:第一种,认为朋辈教育是一种教育方式、教育方法,代表学者有潘爱华和刘海春等人。潘爱华认为朋辈教育是通过朋辈群体之间的相互交往,从而实现教育目的的方法。[1] 刘海春认为朋辈教育是能够实现大学生共同进步的教育方式。[2] 第二种,认为朋辈教育是一种教育过程、实践活动,代表学者有尹大伟、陈晨和王丛等人。尹大伟、陈晨认为朋辈教育主要是发生在朋辈、师生之间,或是高年级与低年级同学之间的实践活动。[3] 王丛认为朋辈教育是一种通过朋辈群体之间的相互交往,实现了自我教育的过程。[4]

结合以上众多学者的观点,笔者认为,朋辈教育的概念,必须结合实际应用的情况去确定。从这个角度进行分析,朋辈教育的主要构成包括了两个方面的内容:其一,当实际应用朋辈教育培育朋辈教育人员的主体是高职院校教师时,朋辈教育更倾向于一种教育手段、教学技术的应用;其二,由高职院校教师所培育

---

[1] 潘爱华. 朋辈教育模式在高校思想政治教育中的实践 [J]. 学校党建与思想教育,2011(20):45-46.
[2] 刘海春. 论朋辈教育和高职院校校园文化建设的耦合与运用 [J]. 高教探索,2015(2):36-39.
[3] 尹大伟,陈晨. 论大学生思想政治教育中的朋辈教育引领 [J]. 吉林工商学院学报,2017(1):113.
[4] 王丛. 朋辈教育在继续教育应用中的困境与创新 [J]. 继续教育研究,2017(8):49-51.

的朋辈人员通过有目的的教学行为对受教育者产生积极作用时，朋辈教学就成为一种教育实践行为、对教学过程的应用。因此可以说，朋辈教育既是一项教学内容，又是一项教学活动，既是静止的方法又是动态的实践。两者相互联系，并不能完全独立，都融入了朋辈教育之中。

（二）高职院校朋辈教育的优势

当前高职院校的思想政治教育教育环境正在经历着巨大变革，高职院校思想政治教育的发展受到诸多方面因素的影响。思想政治教育实效性的良性发展，不但受社会条件的影响，而且还与思想政治教育的研究对象、思想政治教育的内涵和手段等有关，而探求更积极高效的思想政治教育方法，是当前高职院校思想政治教育工作的主要内涵。处于当前"新时代"的大学生群体，具有较明显的心理特点和个性特质，因此高职院校思想政治教育研究内容必须与时代精神相一致，也必须结合受教育者的个性特点进行针对性的教学，积极探求思想政治教育新途径。中共中央在《关于进一步加强和改进大学生思想政治教育的意见》中指出，一方面要利用好教师的教育示范作用，另一方面要引导大学生自我服务、自我约束、自我监督。[①] 根据新时代大学生的个性特征，寻求积极高效的思想政治教育教育路径，更有利于高职院校思想政治教育环境建设的顺利开展，有利于高职院校思想政治教育工作目标的实现。而朋辈教育则是一种新型的思想政治教育手段，在实现学生个人与群体的自我教育上有着巨大的优势。朋辈教育既满足了"新时代"大学生的个性特征，也能够推动高职院校整体思想政治教育效果的良好发展。

1. 增强了高职院校思想教育的可接受性

在以往的高职院校思想政治教育教学活动中，主要采取的是以教师为主体的直接硬性"灌输"的教学方式。因为思想政治教育教学内容本身的理论性和枯燥性，再加上"新时代"的大学生正处于精力旺盛且注重自我表达的青年阶段，他们具有属于该年龄段的独特性格特点和行为方式，所以往往对以往高职院校所采取的思想政治教育模式兴趣并不高，对于思想政治教育的关注度也就有限，使大学生不能对思想政治教育的内涵较好地加以接受、消化和吸收。而由于大学生

---

① 中共中央国务院关于进一步加强和改进大学生思想政治教育的意见 [N]. 人民日报, 2004-10-15 (01).

朋辈群体相互之间具有年龄的相近性和心态的趋同性，所以朋辈教育对他们来说也是在权利平等的前提下进行的沟通与对话，而通过朋辈之间在情感交流、学业生涯中的互助互帮，让大学生能够直接却真实地表现出个人的思想动态，从而使其思想中存在的问题能够在第一时间被看到并予以解决。除此之外，刚刚迈入大学门槛的新生通常都对于怎样更快更好地适应大学生活，以及对怎样经营大学时间、规划大学生涯、实现美好理想等缺少了解，而利用朋辈教育方法，就可以让经验丰富的朋辈教育者，来对其传授成功经验与教训。朋辈之间往往具有较小的年龄差，且思想方式等较为接近，而教师与朋辈辅导员相比来说，往往与学生具有较大的年龄差距，思维方式和思想观念也不同。所以，在大学新生入学的适应性培训工作中，普通教师往往很难走进学生的内心，开展合理的、有针对性的指导与培训工作，而朋辈辅导员则不同，他们经历过新生所经历的一切，对于其感受更能感同身受，所以让他们来引导新生，可以让新生产生更好的认同度与可接受度，从而推动校方思想政治教育工作的顺利展开。

2. 激发了学生的自主发展意识

朋辈思想政治教育活动能够增强高职院校思想政治教育的有效性，并且因为大学生朋辈群体之间具有年龄的相似性以及心态的趋同性，他们更易于产生思维共鸣，从而激发他们的自主发展意识，这也能够更好地推动高职院校思想政治教育的发展。朋辈教育弥补了传统思想政治教育模式的缺失和不足，突出了大学生的主体性、激发了大学生的主动性，使思想政治教育跃升到大学生自觉进取、自主完善、自我发展的更高层次，成为大学生自觉的主动教育，而不是强迫性的被动教育，变教育客体为教育主体。促进了大学生的自我管理、自我教育，激发了学生群体的主动性和积极性，弥补了传统思想政治教育灌输的局限性。[①]

3. 补充了高职院校思想教育工作队伍

在高职院校思想政治教育中，辅导员教师的职责范围非常广泛。很多非思想政治教育方面的任务，都大量耗费着辅导员教师的时间与精力。并且，辅导员教师虽然通常也经历过大学时光，但是与当下的大学生之间，因为时代发展等因素，必然会存在着一些观念差异，并且由于作为教育者与受教育者之间所处的立

---

① 何新生，张涛. 增强朋辈群体凝聚力提高朋辈教育实效性 [J]. 学校党建与思想教育，2012 (33)：21-23.

场也是不同的,所以两者之间天然会有一种距离感。以上种种原因,使辅导员教师很难有充足的时间来关切学生的心理,且也很难真正走入大学生的内心之中。但如果让朋辈辅导员来协同辅导员教师开展思想政治教育工作,可以有效促进高职院校思想政治教育工作的发展。通过朋辈教育这种思想政治教育形式,就能够有效补充高职院校思想政治教育工作者的队伍,并在工作过程中,有效利用优秀朋辈群体的榜样示范作用,来提升高职院校思想政治教育工作的实效性。因此,发挥优秀大学生群体的朋辈教育功能,拓宽了高职院校思想政治教育工作新途径,在一定程度上弥补了思想政治教育工作队伍的缺失,有助于促进多层次、全方位、立体式大学生思想政治教育网络的形成。①

4. 推进了优秀学生群体的培养

朋辈教育效果的发挥离不开优秀的朋辈辅导员队伍建设,优秀的朋辈辅导员队伍可以促进高职院校思想政治教育的良好发展。② 朋辈辅导员必然是同代学生中具有优秀素质和良好品德的一类人群,他们是大学生中的榜样,通过对他们思想行为的学习,能够有效发挥榜样示范引领的作用,促进良好校园环境和氛围的形成。

正是因为朋辈辅导员具有上述作用,所以其培养就显得尤为重要。各高职院校可以通过建立典型培养体系、建立教育网络平台、进行有效培训等方式,提升朋辈辅导员的水平,推动优质学生群体的形成。

5. 及早发现学生中存在的问题

近年来,发生在大学生之间的暴力事件越来越多,成为高职院校思想政治教育和校园治理存在的突出问题。怎样防范和处理大学生的暴力行为,成为体现一所高职院校水平好坏的关键标准之一。而朋辈教育能够对大学生的暴力行为起到消除、缓解或警示作用。伴随着各高职院校朋辈教育系统的不断完善,朋辈辅导员已遍布于大学生身边,他们能及时发现大学生的心理问题,并有针对性地进行帮助,避免暴力事件的发生;而如果遇到了自身难以解决的情况,朋辈辅导员也会报告给院系的思想政治教师们,让教师及时进行干预,避免悲剧的发生。这样,有朋辈辅导员的存在就能够发挥良好的监测预警功能,可以有效地预防校园里负面情况的出现。

---

① 左凯旋,单亚. 高校德育教育中的大学生朋辈教育 [J]. 浙江传媒学院学报,2011,18 (3):101-105.
② 李征,张骞. 上海高校:推崇"朋辈辅导员" [N]. 中国妇女报,2006-03-15.

二、朋辈教育环境建设研究的理论依据

想要使朋辈教育方法在高职院校思想政治教育中迅速发挥作用，就需要将两者进行科学的融合，而科学的融合离不开理论的引导。迄今为止，已经有很多学者对朋辈教育环境建设的理论依据进行了研究，具体包括了以下六种。

（一）自我教育理论

人类自古以来对于文化的继承与发展主要依靠教育与自我教育两种方式。而教育需要自我教育这种内在力量作为基础，故而有人认为教育的最终目的是实现自我教育，即"教是为了不教"。[①] 自我教育的定义会根据具体语境的变化而变化，我们采用思想政治教育视域下的定义，即在思想政治教育过程中，以自己为教育对象，根据教育要求，积极主动加强对思想政治教育内容的学习，通过自我学习、自我评价、自我改造等方式，不断提升自我、改善自我的一种教育方式。[②] 根据主体对象的不同，自我教育可划分为两种类型：个体自我教育和群体自我教育。个体自我教育指受教育者通过自己的学习提升自我修养，一般包括自省、自学等形式，主要依靠自己的力量。群体自我教育指受教育者在一个集体之中，通过群体成员之间的相互影响，让群体自己教育自己，包括讨论活动、辩论活动等，主要依靠个体之间的相互交流产生自我教育。[③] "群体自我教育实际上是个体自我教育的扩大化。"[④]

自我教育实质上就是通过唤起受教育者在教育活动中处于主人地位的自我意识，来充分调动其学习的主观积极性，以达到教育的目的。朋辈教育就是这样一个可以充分调动受教育者主观积极性的重要教育手段。其一，朋辈教育使受教育者自己在接受教育活动中成为社会参与者，把曾经自己内化过的行为规范、知识标准、思维方法等加以重新整理，转变为外在的、与社会的需要保持一致的活动。其二，朋辈教育与传统课堂教学不同，它对人的影响是无声无息的，其实这种特点有助于较好地对教学信息加以传递，使受教育者能够更深入地接受教育信息，在教学活动的开展中可以进行自主决定、自我控制，改变主体自我和客体自

[①] 颜林. 朋辈教育融入高校思想政治教育研究 [D]. 重庆：四川外国语大学，2020.
[②] 吴照峰，自我教育机制研究 [M]. 西安：西北大学出版社，2014：2.
[③] 颜林. 朋辈教育融入高校思想政治教育研究 [D]. 重庆：四川外国语大学，2020.
[④] 吴照峰，自我教育机制研究 [M]. 西安：西北大学出版社，2014：3.

我间的矛盾，进而实现教学的目的。

（二）人本主义理论

人本主义心理学之父罗杰斯（Carl Ranson Rogers）认为，人都有求生、发展和增强自身的需要，亦即"实现趋向"动机。所谓"实现趋向"是指一个人所具有的驱动力，这种驱动力使个体本身更具有差异性，是使个体能维护自我、提高自我，从而实现"自我"的原动力。而且一个人的人格必定是在人际交往中形成的，特别是与对自己有影响的重要人物的交往过程中产生和发展起来的。每个人也都有被关注的需要，在被别人关注的过程中形成自我关注的需要。[①] 在教育中，罗杰斯还主张"以学生为中心"，他明确指出："只有学会如何学习和学会如何适应变化的人，只有意识到没有任何可靠的知识，唯有寻求知识的过程才是最可靠的人，有教养的人。在现代世界上，变化是唯一可以作为确立教育目标的依据。这种变化取决于过程，而不取决于静止的知识。"[②]

人本主义心理学家还认为友爱、互助是人的本性，人与人之间都充满了友爱，人人都自愿帮助别人，人人也都有得到别人帮助的需求。罗洛·梅认为："爱欲是一种把人和万物结合在一起的力量，也是一种予万物以生命的力量……通过奉献爱去发现被爱着或被爱对象的独特形式，并将自身与该形式结合为一体。"[③] 在罗洛·梅看来，"奉献自己的爱就是把自己的内在存在向对方敞开，和对方共享世界，并在共享中一起成长。"[④]

罗杰斯的"以人为中心"的教育方式对现代教育有很大的借鉴意义。在朋辈教育活动开展的过程中，朋辈辅导员所扮演的角色其实就相当于人本主义中的教师。要想将问题成功化解，朋辈辅导员首先要实现自我的认识与自我发展，与请求者有共情，并设身处地地想着请求者的所想。同时在问题解答过程中，也不可以直接向请求者提出具体的问题解决的方法，而是应该采用引导、帮助等方式，让其自行探索前进的道路，在问题解答的过程中首先自我发展。

人在面临挫折、困境甚至情感波折的时刻都是非常脆弱的，都希望能够有人帮助自己，以早日走出心理困境。而处在青年时期的大学生们，正处于心理发展

---

① 邓文锋. 高校思想政治教育中朋辈互助的研究 [D]. 青岛：中国海洋大学，2012.
② ROGERS. C R. Freedom to learn [M]. Columbus：Merril，1969：104.
③ 罗洛·梅. 爱与意志 [M]. 冯川，译. 北京：国际文化出版公司，1998：75—76.
④ 张敏生. 大学生心理互助研究 [M]. 杭州：浙江大学出版社，2008：49.

的重要转变时期，理论分析、知识整合的水平还有待提高，因而很容易对面临的各种问题感到困扰。此时，他们就非常需要有人能够帮助他们脱离现有的困境，而这也是他们最想要实现"自我"的时期。而经过层层选拔获得朋辈辅导员身份的大学生，必然在各个方面都表现得较为优秀，在其各项能力之中，人际关系能力也是比较强的。当他们注意到需要帮助的同学的状态时，就可以积极地主动性地开展帮扶活动，并在期间展现出友爱互助的真诚心态，使求助者感受到了朋辈辅导员的热心、诚信、友善、真诚，在协助过程中增进了友情，从而形成良好的同学友谊，这样就能更好地帮助他们战胜那些曾经软弱甚至被扭曲过的自己，从而走出阴霾，并达到提升自己的目的。

（三）思想政治教育主客体理论

思想政治教育中主客体关系理论的研究历史比较丰富，学者们在这方面研究的主要观点可以分成三种类型，即"单主体论""双主体论"以及"主体间性论"。[①]"单主体论"指的是侧重扩大教育者与被教育者一方主体地位的理论，根据侧重主体不同，分成"教育者主体论"和"受教育者主体论"两种观点。金鉴康认为思想政治教育主体是指"能表征思想政治教育活动的性质和状态的载体及承担者"。[②] 这是"教育者主体论"比较典型的看法，即从思想政治教育实践出发，根据教育者与受教育者在其中的地位和作用，更加肯定教育者的主导作用，一定程度忽略受教育者在教育过程中发挥的作用。[③] 不同于这种观点，陈为认为要"从学生需要出发，把学生的需要作为工作的出发点和归宿"[④] 才能使思想政治教育发挥实效。"受教育者主体论"以受教育者的视角为主，从受教育者本身的能动性着手，突出了受教育者在教学过程中接受教学内容的过程，并突出了受教育者自我教育的能力。"双主体论"顾名思义，即认为在思想政治教育过程中，教育者与受教育者均为主体，而作为人他们都具有人的本质特征，既具备了主体性也具有能动性。此理论认为，在面对不同的思想政治教育阶段时，两者的角色会互相转换。比较来说，在教育活动开展的过程中，教育者向受教育者传输教学内容，其为主体，而在教育内容被接受的过程中，其成为客体，即教育者

[①] 杜广杰. 思想政治教育学中的主客体理论研究 [D]. 天津：南开大学，2014.
[②] 金鉴康. 思想政治教育学 [M]. 北京：水利电力出版社，1987：21.
[③] 颜林. 朋辈教育融入高校思想政治教育研究 [D]. 重庆：四川外国语大学，2020.
[④] 陈为. 提升思想政治教育实效应注重学生主体需要 [J]. 学校党建与思想教育，2006（1）：45-46.

与受教育者会在不同阶段转变角色，分别居于主体地位，来发挥能动性。

从以上分析中我们可以看出，针对在思想政治教育中"谁是主体谁是客体"发生的争论，其主要争辩的点在于受教育者是否能够成为主体。而除了以上这些较为传统的主客体理论，还有一种"主体间性论"，其强调了成为主体的条件，即双向互动基础上的教育者与受教育者主体关系的变化。张耀灿、刘伟认为主体间性是对思想政治教育主体性的积极扬弃。[1]

在当下高职院校的思想政治教育教学过程中，身为客体的大学生主体意识日益增强，在受教育的过程中，希望自我意识能够得到重视，获得更多的话语权，在地位上可以与教育者相平等，作为思想政治教育的客体，他们表现出了主体的特征。在高职院校中开展朋辈教育，朋辈辅导员可看作主体，大学生可看作客体，在思想教育过程中可以通过朋辈辅导员采取鼓励、肯定等方式，让大学生明确自己在接受教学内容过程中的主体地位，引导大学生找到适合自我个性特征的学习方式，以此表现出对大学生主体思维以及主体地位的肯定，使他们充分发挥能动性，实现自我教育。而在这个教育过程中，无论是作为教育主体的朋辈辅导员，还是作为客体的大学生，都属于同类人，他们之间具有平等的地位。同时，校方的教育者则会作为朋辈辅导员的管理者存在，以监督教育过程，避免出现偏差。当大学生开展朋辈教育的时候，朋辈教育主体自发开展教育活动；朋辈教育客体自由接受教育内容；朋辈教育管理人员辅助活动实施，提供相应教育载体。[2]

与传统思想政治教育方法相比，朋辈教育方法中的教育者和受教育者之间的关系是比较亲密的，没有距离感，具有平等性，而这种特性更有利于教育内容的传播。首先，在朋辈教育活动中，教育者与受教育者身份之间没有差距，都可看作主体，均具备主体性。一方面教育者实施的教育内容需要根据受教育者的实际制定，一方面教育内容的传播需要教育者与受教育者通过自我教育完成对教育内容的吸收，在这个自我教育的过程中，两者皆是自己的主体。[3] 其次，朋辈教育中的双方，在教育活动的开展过程中，可以相互影响。朋辈教育者在教育活动开展的过程中，不仅能够更加巩固自身的知识而获得成长，同时，也能从受教育者身上学到其优点，而受教育者在过程中，除了接收教育内容，也能够通过教育者

---

[1] 张耀灿，刘伟. 思想政治教育主体间性涵义初探 [J]. 学校党建与思想教育，2006（12）：8-10+34.

[2] 李春晖，任维聪. 大学生朋辈教育体系创建研究 [J]. 兰州教育学院学报，2013，29（2）：98-99+113.

[3] 颜林. 朋辈教育融入高校思想政治教育研究 [D]. 重庆：四川外国语大学，2020.

的言行丰富自身,实现教育者与受教育者的共同成长。以朋辈教育活动为载体,即可充分调动每一个成员的积极主动性,使教育者与受教育者接受良好影响,达到共赢目的。

(四) 社会学习理论

社会学习理论的最早提出者为美国心理学家阿尔伯特·班杜拉,在其后,学术界不断将这一理论进行完善,使其成为一种理论系统,其组成部分包括三元交互理论(或称三元交互决定论)、观察学习理论和自我效能理论。

三元交互决定论中关于人受环境的影响、受社会控制的影响等内容,对于朋辈教育如何起到教育效果有很大的理论支撑作用。20世纪60年代,班杜拉提出了"三元交互决定论",认为人既不是单向地受内在力量的驱使,也不是单向地受环境的约束,人的内部因素、行为和环境影响相互联结、相互决定。交互决定论从行为、心理和环境三个因素的交互作用来进行解释。个人心理包括情感认知、理想信念、自我意识等因素,这些因素支配和指导着人的行为,并且个人的行为对个人的心理具有反作用,行为结果影响着个人心理。[①] 人在做出某些动作前或者正在做出某些动作时,必然要思考这些动作会产生什么样的结果,或者说会产生怎样的反应,而某种动作的反应及结果则会反作用于人的心智,进而帮助人按照预期想到的后果对动作作出有效的改变。当然,尽管人类行为、心理状态与环境之间都是相互作用的,但不能说它们对相互之间的所有决定影响强度都是一致的。不同的场合和不同的时间,它们的作用与效果也会出现一定的变化,三者之间相互影响、作用,互不分离。

班杜拉的社会学习理论从人的内在因素、行为和环境的相互关系出发,解释人的行为。[②] 在班杜拉之前的学者看来,人与环境之间的作用是一方决定论,或是人的发展影响了环境,或是环境的特色影响了人,班杜拉则认为人是具有自我意识的机体,不是单纯被外部环境因素所影响而直接产生条件反射般的机体,这是人所特有的能动性的表现。根据这一认识班杜拉提出了观察学习理论,认为"人的思维、情感和行为也能像受直接经验影响一样显著地受观察活

---

① 班杜拉. 自我效能:控制的实施 [M]. 穆小春,等译. 上海:华东师范出版社,2002:56.
② 阿尔伯特·班杜拉. 社会学习理论 [M]. 北京:中国人民大学出版社,2015:2.

动的影响"。① 人是有选择地进行观察学习，而组成观察学习这一过程离不开人的内部因素（包括其认知、情感等）、行为和环境三个部分的相互作用，也就是三元交互理论。在以上内容支撑下观察学习被划分成注意过程、保持过程、生成过程以及动机过程。这四个过程详细剖析人的观察学习整个过程，在此基础上，提出了相应的子理论来深入分析不同过程中不同因素所产生的作用，比如著名的自我效能理论就是用来分析动机过程中人的自我评估对人的行为产生的影响的。②

朋辈教育是通过朋辈群体产生教育影响的教育方法，在这个过程中离不开环境的影响。按照社会学习理论来讲，人的行为是人通过对社会环境的观察，在产生认同之后进行学习模仿产生，也就是说整个过程中环境至关重要，这里所说的环境并非单纯指物理环境，更多的是指环境的文化氛围、精神氛围。③ 在传统高职院校的思想政治教育中，大学生被视为客体，只能够被动地接收教育内容的传输，而忽视了他们的主体性，这也是思想政治教育效果一直不佳的主要原因之一。而处于当下"新时代"中的大学生们，具有当下时代的特征，更注重自我意识的存在，希望获得平等的话语权，期望自己的发声是能够被重视的。在社会学习理论中，人作为主体，通过环境的影响作用、榜样的引导作用，加上人自身的能动作用能有助于达到影响主体行为的结果。④ 引申到朋辈教育方法中，即通过朋辈教育者的言行，以及通过言行表现出来的思想观、价值观等，是能够通过环境作用和榜样的引导作用，对受教育者的言行产生影响的。

（五）群体压力理论

群体压力，是指群体对其成员的一种影响力。当群体成员发现自己的意愿、行为和态度与群体中的大多数人相悖时，就会感到心理紧张或心理不安。特别是当个体不能准确地判断事物时，在行动中就更易于屈从于群体的压力，放弃自己不明确的判断。而这个现象在我国也较为普遍，由于我国社会是集体主义主导的，所以在我国人群中，群成员便会为缓解自己的压力而把自身的言行调整为人群中一般人都能够认同的言行。特别是个人不能给予事件准确评判的情形下，会

---

① 阿尔伯特·班杜拉. 社会学习理论［M］. 北京：中国人民大学出版社，2015：1.
② 张馨之. 班杜拉社会学习理论在青少年思想政治教育中的应用［D］. 烟台：鲁东大学，2015.
③ 颜林. 朋辈教育融入高校思想政治教育研究［D］. 重庆：四川外国语大学，2020.
④ 颜林. 朋辈教育融入高校思想政治教育研究［D］. 重庆：四川外国语大学，2020.

由于人群压力而缺乏理智，使得评判结论的正确性没有切实保障。

群体压力在朋辈教育中具有显著的体现。虽然朋辈成员会迫于巨大环境压力而接受同伴观点和建议，但是，成员们依旧会以自己的个人观点为主，但是，当自己的观点和其他成员观点不同的时候，群体压力作用也将会更加强大。这些影响都在很大程度上增加了群体归属感，个体成员也便会更易于选择可以被群体成员认同的反应方式，这也就是人们常说的从众心态，在大众心理学中也有着更详尽的描述。从众也是群内与同事间相处中不能缺少的影响方式，而从众倾向也是朋辈关系的主要体现之一。

（六）参照群体理论

参照群体理论指的是当一个人对于自身的生活特点进行了解之后，以此为基点设定与他相互对比的参照人群，从而成为一种标准，个体通过在与他们的对比之中发现自身的不足，从而改善自我，提高自我的各个方面。[①]

简单地说，当一个人依照自我特点将一个与之具有共同点的群体作为自我行为的参照对比后，这个群体成员的言行、群体所采取的规范、学习或工作的目标，均会被此人作为本身的言行标准，这样，该群体也就在无形之中对此人产生了规范其行为的作用。而在朋辈教育方法中，朋辈群体就是大学生们的参照群体，朋辈辅导员与大学生们生活在共同的环境中，当大学生将他们作为自我言行的参照后，就会下意识地对其进行模仿，使自我言行向朋辈辅导员靠近。这一影响不断循环，就会提升大学生的思想水平，让校园内的风气向着健康的方向不断发展。

第三节　朋辈教育环境建设的意义

一、有利于青年大学生的成长成才

（一）有利于大学生的全面发展

人的全面发展主要是指现实的人由于克服和突破所有限制与约束，在人际关

---

① 范爽. 高校朋辈教育德育功能的实践路径［D］. 西安：西安工业大学，2018.

系、才能、素养和个性等方面所达到的普遍提高。所以，所谓大学生的全面发展应是指大学生在社会、个人才能、个人素养和个人生活等方面的自主而全面的发展。

新时代的大学生整体能力和素养水平都处于一个提高的阶段中，大学生们乐意接触新生事物，自我意识强烈，抽象思维能力和独立判断能力都显著增强；他们积极追求科学，成才愿望强烈，创新能力显著提高；学业上主动性和创造力明显提高，人际关系中互动范围扩大，人际交往能力提高。尽管大学生的素质处于提高阶段，但同时也面临很多不容忽视的问题。

国家经济的发展带动了家庭经济收入的增长，在中国家庭中，家长们存在一个较为普遍的现象，就是倾尽一切为孩子提供能力范围内最佳的物质和精神条件，而且隔代的长辈更是喜欢溺爱孩子，因此在多数家庭中，孩子都说一不二。这样普遍的生长环境，让当代大学生具有了如下的共同点：以自我为中心，很少关注他人的状态，缺乏帮助他人的热心；孤独，不合群，没有合作精神；动手能力差，回避问题，带有极端性格；利己主义太强，利他精神淡漠；自我调节以及能力很差。这种有问题的性格不但会对他们今后的发展产生障碍，而且对社会的成长也会造成一个很大的冲击。

朋辈相助有着无偿、公益、自愿等特征，在帮助别人的过程中，不但能够增强人生内容、丰满精神世界、提高奉献精神，更主要的是，朋辈们互相协作解决问题的过程，也是对所学知识进行融合的过程。对帮助同学的一方而言也是一个极大的提升，既实现了自我人生价值，也建立与健全了自我人格。同时，受到援助的同学，由于与帮助一方的年龄相近，易于相互交流，双方感情也易于互相沟通融合，从而也更易于在对方身上学习到解决问题的方式方法，对自身来说也是一个极大的提升与培养。同时，由于帮助者以帮助为乐、帮助为荣的崇高品格，使被帮助者受人之助，感人之德，进而效仿，也带动了敬业精神的弘扬，不但充分发挥了朋辈的优点，完成了自我教育功能，也同时产生了巨大的榜样效果。在良好教育环境中健康发展、成长，对大学生来说意义重大。

当代的高职院校大学生，在时代趋势的冲击下具有了很强的时代性，不管在思想上还是在心态上都具有了较为明显的特点，特别是新时代的文化特征，对他们产生的影响还是很巨大的。大学时代正是培养和巩固学生思想观念的时期，针对现代大学生的思想特点，高职院校思想政治教育有必要进一步适应新时代大学生的思想特征，并转变以往比较传统的教育方式，为思想政治教育工作的顺利开展打下坚实的基础。朋辈教育环境的建设，适应当代中国大学生思想活动丰富的特征，根据学生群体的年龄和能力相近的特性，朋辈辅导员可以将自己的思想引导和指导作用合理地利用起来，从而发挥带头作用，促进在整个学生群体内部形成比较和谐的教学环境。一直以来，思想政治教育的内容对于大学生而言都是较为枯燥且与自我生活距离较为遥远的，所以教学效果也不佳，但通过建设朋辈教育环境，就可以取得令人惊奇的成效，还可以将受教育者的主体地位充分地激发起来，将思想政治教育内容转变成行为，从而达到知行一体，让大学思想政治教育教育的有效性得到了淋漓尽致的挥洒，从而如期实现高职院校思想政治教育的总体目标。

（二）有利于解决大学生成长中的问题

1. 有助于大一新生尽快适应大学生活

大一新生始终是学校思想政治教学工作的重点对象，而大一新生如何顺利应对高职院校生活也是高职院校思想政治教学的工作重心。由于大一往往是面临问题比较多的阶段，包括社会角色认知问题等，由高中时期的佼佼者逐渐变成了高职院校里普通的一员，心态落差往往会导致大一新生产生各种问题；高中里单纯的同学关系突然结束，取而代之的是学校里丰富多彩的课外实践活动，来自五湖四海的大学校友们使人际关系变得更加复杂。大学生第一次进入一种崭新的生活环境中，跟很多同学一起过集体生活，却出现很多的不习惯、不适应。所有这些都需要大一新生自己适应，如果想要缩短这一段适应时期，就必须有人来协助他们尽快地完成。

面向大一新生，由师兄师姐们所主导的大学朋辈互助交流活动可以让他们迅速适应学校生活，并迅速接受自己的大学角色，从而成功地度过大学适应期。大一新生正处在可塑力极强的年龄阶段，也正是个人价值理念养成和确定自身发展方向的时期，有着喜好结伴成群、共同学习与帮助的特性，易受首因效应的影响。当大一新生面临自己刚进大学校园的茫然、不知所措时，就需要人对他们进行帮助。朋辈一般指文化或政治素质高、品学兼优的优秀学生，他们通常具备敏锐的洞察力和是非分辨力，并具有丰富的社会经验和校园生活经历。通过在高职院校学生之间组织朋辈交流活动，就能够通过朋辈的高贵品格、真诚守信的生活理念、踏实的生活作风和他们自己的生活轨迹来影响、同化那些人生道路才刚刚开始的大一新生，并充分发挥榜样示范作用，从而产生积极的社会共鸣力和扩散作用，能够帮助大一新生更快速地应对大学生活，完成自己的大学计划，定好自己的奋斗目标。

2. 有助于贫困生走出自卑阴影

贫困生是高职院校中的弱势群体，一直受到国家教育部门的积极关注。有关研究表明，很多贫困大学生都能勤奋学习，具有坚强的开拓进取精神和健康积极的生存方式，能自立自强，正确对待自己的生命与未来。不过也有一些贫困大学生在思想意识或者行为习惯上存在着不健全的因素，使得在他们大学时期或者步入社会以后存在着一些问题，这些因素主要表现为以下三个方面：

（1）人生观错误

导致家境贫穷的因素有很多种，有的是因为长期生活在乡村地区，有的则是生活在刚入职人的家里，有的自幼即缺乏父爱或母爱，更有的是因为重大的灾难所导致。很多自小就在农村成长的贫困生，其人生观、价值观也常常是在错误的家庭教育模式中产生的。一些贫困生觉得社会的不公正待遇成就了自己贫困的家庭生活，对社会产生了反感心态；一些贫困生自以为刚步入大学就已经踏上了通向成功的幸福阶梯，向往功名利禄；一些贫困生因为无法忍受在这个逆境中挣扎着生存，纷纷破罐破摔；一些贫困生因抵御不了来自社会生活的各种引诱，而不慎和社会不良青少年结友，并由此走向了罪恶的路途。

（2）学生综合素质低

由于家庭生活困难，又没有充裕的资金对子女加以培训，所以这些来自贫困家庭的子女不管在思想政治品质、文化素质、学科素养，或者身心素质等方面收到的一般都是差评。在高职院校里，缺乏一技之长的贫困生因为综合素养水平本来就低，再加上到处碰壁，很快就会产生较大的挫折感，从而导致产生了心理阴影，进而造成综合水平越来越低。

（3）心理上存在不健康状态

大学生正处在青春年少、意气风发的人生阶段中，普遍来说都具有争强好胜、攀比的心态。贫困生因为家庭经济拮据、教育水平受限、人际关系障碍等，面对一些家庭经济良好、多才多艺、有着不错社会关系的人，易产生自卑、妒忌、焦虑、抑郁心理，久而久之易发展成为自闭、粗暴的个性，和一般的普通大学生的正规学习生活脱节，从而产生很大的心理障碍。

与正常家庭成长起来的大学生相比，贫困大学生在刚刚走入大学校园时，更需要温暖和激励。而贫困大学生的社会适应能力、心理应激功能，或者政治判断能力、经济决策能力等都相当弱。朋辈辅导员能够在生活或学习中，给予贫困生应有的重视，并告诫所有轻视、瞧不起贫困生的大学生，绝对不能用有色眼镜来看他们。并且在贫困生遇到问题时也能够积极伸出援手，支持贫困生渡过难关，并让他们明白，贫穷与磨难都是人生命中最重要的一种财富，因为它能够磨炼人的意志、提高人的生活技能。在帮扶过程中，朋辈辅导员可以尽力将自身良好的读书方式、习惯，以及方法和学习心得等传授给贫困生，以帮助他们及时赶上最优秀的同学，使他们彻底抛开心中的负担，并明白所有这些问题都能够通过自身得以改善；同时引导贫困生多参与学校举办的多姿多彩的学校活动，在集体生活中锻炼自我，打开心扉和同学们交流，就必然能够建立良好的同学感情，从而改变恶劣的人际关系。如此，才能帮助扶持贫困生慢慢地重拾自信，并充满信心地克服生活上的困难。

3. 有助于偏差行为学生改变不良习惯

社会学中的偏差行为是指社会成员不同程度地违反或者偏离了社会规范的行为。偏差行为学生指的是日常行为偏离常态，导致其在学习或者生活上出现困扰的大学生。此种行为的产生具有多种原因，如在学生的成长中家长不够重视对孩子的言行教育，义务教育学校仅重视学生成绩而忽视学生的品德教育，或受社会非良性风气的影响等。

通常来说，偏差行为的发生是从较轻程度开始的，表现为违反人们所认同的社会习俗的行为；如果不加制止，偏差行为通常会继续进化，表现为违反社会治安或公共秩序规章制度，甚至是违法行为。因此，我们可以认为，如果已经产生了偏差行为的学生，没有及时被发现并纠正其行为，其行为不断恶化，不仅会毁掉一个大好青年的前程，还会对社会造成危害。所以，具有此类行为的大学生，通常也是高职院校思想政治教育的主要关注对象，在朋辈互助活动的开展中，也是主要的帮扶对象。

利用朋辈教育来影响产生偏差行为的学生，具有一定天然的优势。其一，朋辈与大学生相交具有平等地位，不容易让偏差行为的学生产生逆反心理，且在交往活动中，能够让他们感受到朋辈的真诚，进而取得心理上的亲近感，在获得信任后，朋辈辅导员就能够发现偏差行为学生之所以发生偏差行为的根本原因，并针对这些原因对症下药，让有此类行为的学生走出心理阴影，转变生活态度，变得积极向上。并且，朋辈辅导员不仅拥有优秀的日常生活行为习惯，更关键的是他们拥有宽容的心态，能够接纳有偏差行为学生的不正常举动，忍受他们错误的言谈举止，不厌其烦地对他们实施潜移默化的引导，并通过自己百分之百的真情、诚意与耐性，改正他们的偏差行为。

4. 有助于网瘾学生克服网瘾

网络带来了信息交流的便利，然而也容易让人沉迷，对控制力较差的一些新生而言尤其如此。高职院校环境与初高中具有很大的不同，更加自由，学习和生活依靠的主要是学生的自主性。新生刚从高中繁忙学生生活的状态转换为相对宽松的状态，且没有了家长和教师的时时监督，就容易出现放松、过度沉迷于网络的现象。网络同样能够让人上瘾，且与其他不良瘾好一样，一旦上瘾很难戒掉。

互联网上的信息是非常庞大而驳杂的，如各种暴力游戏、黄色视频等遍布于互联网之中，处于人生观和价值观塑造关键时期的大学生，很容易受到其中不良观念的影响，导致品德沦丧、性情暴戾；且网络需要借助于电脑、手机等载体才能够使用，因为长期浏览网络，会导致很多躯体病症的产生，如颈椎病、青光眼等，这些疾病基本是不可逆的，很难治愈，它们会让人情绪萎靡、失眠多梦、食欲减退，最后还会精力崩溃，出现思觉紊乱，更甚可出现脑残。除此之外，产生网瘾的大学生会一直沉迷于网络，与现实中的同学的交流会越来越微弱，以致淡忘了与人进行交流的体验，也失去了交流时的思维与情感，从而削弱了其正常人际交往的能力。因为网瘾学生对网络早已养成了生理和心理上的依赖性，将很多时间浪费在网游中，因此常常逃学、旷课，从而产生了厌学心理状态，荒废了学习，也侵蚀了其进取精神。针对网络成瘾的学生开展朋辈教育，可以让网瘾学生拥有知心朋友，为他们的日常生活添加一种除上网之外的其他交流活动。在他们从互联网中走出来的同时，朋辈也能够充实他们的校园生活，让他们的注意力从网络中转移出来，并可以在学校活动中寻找到对人生更有意义的事情。通过自身的改变，能够让网瘾学生逐渐地、切实地认识到沉迷于互联网所带来的毒害，在内心上战胜对互联网的依赖，从而逐步摆脱网瘾，重新回归到正常人的生活之中。

朋辈辅导员所具备的优秀素质和网瘾学生间的强烈对比可能会使网瘾学生产生自卑心理，或者变得更加自暴自弃。但是一旦朋辈辅导员与他们成为知心朋友，并且对他们的言行并没有进行很强烈的批评，也没有表现出厌烦的心态，甚至对他们的生活关心有加，总有一天就会打动网瘾学生。朋辈辅导员会不厌其烦地与网瘾学生沟通，协助他们确立自己的目标，并制定好每日的生活与学业规划，以帮助他们重拾自信，并激起对生命的新激情。

5. 有助于对心理危机进行干预

心理危机是指"个体或群体运用惯常的应对方式无法处理目前所面临的困境时的一种心理失衡状态"。① 心理危机通常需要同时满足以下三个条件：第一，要有诱因，此诱因通常是重大事件；第二，当事人不得不依照一般解决的方法加以解决；第三，重大事件的出现对当事人产生心灵影响，产生惊恐、忧郁、愤慨等情感和躯体的改变。危机干预是指干涉者通过个体、社会和家庭资源，对处在危险中的个体或群体进行关心、支援和援助，使其得以减轻焦虑心境、找回心态平衡。

处于青年初期阶段的大学生，心智发展还没有完善，在观察和分析问题时极易出现偏差，通常也不具备解决紧急事情的能力和手段，当遭遇巨大挫折甚至重大变故时极易受影响和阻碍，从而形成了心理危机。正因为所经历的事情较少，且以往的生活和学习环境都比较简单，所以心理承受能力得不到锻炼。在此情况下，当一些大学生遇到当下依靠自己的能力难以解决的问题时，会不断地在心里将其影响放大，使自己走入极端，最终以极端甚至偏执的做法来解决事情，近年来频繁出现的自杀或伤害他人等犯罪事件均属于大学生的极端行为。并且，大学生群体的心理状态是比较接近的，容易互相影响，所以心理危机也存在着一定的传染性，如果某个同学做出了极端举动，其他同学就有机会加以模仿，导致悲剧性事件的范围扩大。而朋辈辅导员和大学生朝夕相处，他们都拥有着敏感的洞察力，因此可以及时发现某个同学的心理问题，对危机能够及时进行干预，避免悲剧事件的发生。同时，他们还能够有效掌握大学生心理危机形成的原因、事情的发展经过、危机的严重程度等，对心理危机同学进行有的放矢的心理帮扶工作。

对于心理危机较为严重的大学生，需要在干预的过程中进行长期的不间断的陪伴，以避免意外的发生，与教师相比，显然朋辈辅导员更适合担任此项工作。朋辈辅导员通过和学生密切接触，可以熟悉学生的心理状态和思想动态，并随时了解处于心理危机状态下的学生的心态变化。同时，朋辈辅导员经受过良好的心态训练，掌握了有效的心态引导方式，也可以对心理危机较为严重的学生进行疏导，从而减轻其心灵负荷，这是心理危机干预流程中必不可缺的。

---

① 陈蕾. 大学生心理危机预防性干预的探索 [J]. 考试周刊，2007（4）：5-6.

(三) 有利于促进大学生自我教育

将朋辈教学经验和高职院校思想政治教育有机融为一体，可以让高职院校大学生尽早学会自我教育。对于自我教育，诸多研究者都有着不同的看法，但通常都可理解为受教育者为进一步完善自己，在进行思想政治教育的过程中不断改变自身的思想和行动，从而努力提高自身品德意识和行动的过程。朋辈教育具有群体性特征，在教学中提倡群体成员之间相互取长补短、共同提高的行为与方法，但其最终目的，是通过环境的影响，让大学生能够发挥主观能动性，实现自我教育。

首先，通过向高职院校大学生传达朋辈文化中的教育理念，能够促使大学生自发积极地开展自我教育活动，使他们不仅被动地进行教育环境，而且还有机会发自内心地积极进行自我教育，从而更有效地提升其思想道德水平。大学生追求理想自我与自我实现价值是他们进行自我教育的根本原因。但值得注意的是，虽然说大学生的理想是自发性的，但是这些都离不开外部条件的引导。[①] 朋辈教育同时也为朋辈辅导员对高职院校大学生实施教育指导搭建了一个平台，促使大学生能够对自我更加关注，并同时迎合当下的社会氛围与时代发展的需求，将自身能力与周边朋辈加以对照，从而找到自己的不足，找到与别人的差异，进行自我改进，实现自我教育，得到各方面能力的提升。

其次，朋辈教育方式也能够促使担任过朋辈辅导员的大学生更好地内化道德知识。朋辈辅导员需要不间断地提高自己的道德素质与行为，从而帮助需要帮助的大学生，而在自身认知和自我提高阶段，能够对各方面的战略方针都有更深刻的认知和了解，这也能够推动朋辈辅导员自身政治素质的提升。

二、有利于提升大学生思想政治教育的实效性

与传统的思想政治教育方式相比，高职院校大学生对于朋辈教育方式更易于接受，且这种方式具有潜移默化的特点，效果好、影响力大，有利于提升大学生思想政治教育的时效性和教育效果。绝大多数大学生都集中在校园内读书、生活，这也使大学生们在平时多数时间里都是与同学、好友在一起，与家长和教

---

① 范爽. 高校朋辈教育德育功能的实践路径 [D]. 西安：西安工业大学, 2018.

师的交流时间非常少，且因为年纪相似、生长环境相近等原因，他们都具备较为统一的新时代大学生所特有的气质和思想价值观念，积极向上、努力奋斗、乐于助人。这样的大学生朋辈之间更容易产生思想共鸣、行动一致，相互影响、相互教育、相互倾诉。在大学生朋辈中选择优秀成员，在朋辈教育群体中宣扬其优秀品质和价值观念，以耳濡目染、潜移默化的方式达到思想政治教育工作效果。在现实生活中，由朋辈对大学生进行教育远比传统书本教学的方式更有效果，通过这种主体性的"自我教育"方式，可以较好培养大学生自我教育、自我领导、自我成长的内驱动力，促进大学生自身成长成才。

三、有利于和谐校园建设

"和谐"是我国民族传统文化中的核心和精髓，是指事情都以平等、秩序、和谐的方式进行发展。我国高职院校已成为社会各界精英的培训基地，如要全面发展学校，不但要求校内具有优良的教学条件、科研氛围，也要求具备团结友爱、诚实守信、稳定有序的文明气氛，要做到这一切，构建健康和谐的校园便是一条捷径。建设朋辈教育环境开展朋辈教育，有助于推进高职院校优良学风的建设，也有利于营造和谐健康的校园环境。朋辈教育活动的深入开展，能够扩大高等院校思想政治教育的视域，促进高等院校思想政治教育实践活动的进一步发展。

（一）朋辈教育环境是和谐校园中和谐人际关系建立的基础

孟子曰："天时不如地利，地利不如人和。"只有"人和"才能够所向披靡，攻克一切困难。人与人之间建立和谐的关系，能够让人们更加团结，向着同样的目标进发；没有矛盾，可以让人们更专注于工作之中，有利于能动性、创造力和想象力的发挥。

校园环境是一种小的社会环境，是一种属人环境，人与人的关系，决定了校园氛围的整体走向。具有和谐感的校园，不单单包括了教学过程的和谐、教学环境的和谐、组织领导结构的和谐，也包括了人际关系的和谐。[1] 在高职院校的校园中，与校方领导、教师等相比，大学生的数量是占绝对优势的，所以，和谐

---

[1] 邓文锋．高校思想政治教育中朋辈互助的研究［D］．青岛：中国海洋大学，2012．

人际关系建立的主体还是大学生。所以说，校园是否和谐，主要取决于大学生与大学生之间是否能够和谐相处。朋辈教育能够增强大学生关心帮扶别人的积极性和主动性，同时也在互相帮扶的过程中，让校友间的情谊增进，让大学校园中的关系更加融洽与优化，从而更好地建设和谐的校园环境。

（二）朋辈教育环境是和谐校园中和谐群体构建的桥梁

大学生是高等教育的骨干和培养对象，是国家社会主义事业的生力军和中华民族未来建设的中坚力量。大学生的思想道德法律素质、精神面貌和科学文化素质的和谐有序的形成和提高，是大学和谐校园构建的主要目的和目标，同时也是衡量大学和谐校园质量的主要尺度和标准。

人都有趋同性，即喜欢在与自己有共同之处的群体中进行活动。大学生也同样如此，在走入高职院校校园后，通常会更乐意加入在地域、性格、爱好等方面具有相似点的群体中，如各种老乡会，就属于这样的群体，主要原因是在这样的群体中个体会因为亲切感和易于沟通等，对群体具有归属感。而这些不同的群体之间，就会存在一定的差异性。这种差异性如果在正常范围内，对校园环境来说影响是微小的，但是一旦这种差异性超出了正常范围，就会导致同一个校园环境中的群体过度分化，不利于和谐校园环境的建设。

而在高职院校中引入朋辈教育方法，就等于在这些不同的群体中加入了润滑剂，当不同群体之间的差异性过大时，就可以通过朋辈辅导员的帮助，让不同群体的大学生增进了解，增进关系的亲密度，通过加深交往缩小差异，让大学生在这一过程中变得更加宽容和博爱，为构建和谐的校园环境尽一份力。

（三）朋辈教育环境是和谐校园中优良校风传播的载体

校风是高职院校所有教职员及所有在校大学生应该共同拥有的思想行为作风，是一所学校精神面貌的集中体现。校风是校园文化的一部分，对大学生的思想观念、价值取向及其活动模式都具有至关重要的作用，其教育价值也不容小觑。和谐高职院校校园的建设，不仅仅是要用和谐文化的教学理念塑造具备良好和谐人格价值观的高素质的大学生，还包括对教师的带动，引导他们树立良好的思想理念和价值观，一起为建设和谐学校努力。虽然每个高职院校都有自身的校训、校风，但并不是每个高职院校的校训、校风都受到重视，并能够贯彻于校内各种实践活动中的。一些高职院校的校训、学风其实早已变成了一个口号、摆设，在课堂以及工作中没有很好地落实与体现。

  优良校风的传承需要一定的载体，使其无论在课堂教学中还是在业余生活中都能够对大学生的行为起到提醒和警示的作用。而朋辈教育虽然在高职院校中刚刚兴起，但其却具有其他教育方法无可比拟的强大号召力和传播力，是传承优良校风的优秀新载体。"和"就是朋辈教育的精髓所在，无论是进行协助的朋辈辅导员还是受到帮助的大学生，其行动都是一种和谐精神的表现，在这些互帮共济的进程中所呈现的校风也必然是优秀校风。

第二章
朋辈教育环境思想的起源、发展与应用

第一节 传统朋辈教育环境思想的起源和发展

一、中国传统朋辈教育环境思想

(一)中国传统思想中对环境影响的相关论述

环境对人能够产生影响,其对人格的塑造、观念的形成、思考问题的角度等,都具有决定性的作用。中国古代的思想家和教育家们早就肯定了环境的这种作用,认为人与有仁德的人接近,才能够提升自己。如孔子指出"是以君子必慎其所处者也"[1],他认为人生长在怎样的环境里就会成为怎样的人,与有仁德的人处于相同的环境中,就会从其身上学习到仁德的一面,而成为同样的人,挑选住处、挑选友人,都是对环境影响认同的一种表现。"益者三友,友直、友谅、友多闻,益矣"[2],之所以挑选住处、挑选友人,是因为能够让周围的环境呈现出一种积极的正面的氛围,就能够在环境的影响下,使个体具有仁德的品质,进而让整个社会具有良好的风气。孟子认为,"居移气,养移体;大哉居乎!夫非尽人之子与?"[3] 由此可见,他认为生活环境会左右一个人的性格、语言、思维

---

[1] 王国轩,王秀梅.孔子家语[M].北京:中华书局,2016:150-151.
[2] 杨伯峻.论语译注[M].北京:中华书局,2006:249.
[3] 朱熹.四书章句集注[M].北京:中华书局,2011:337.

和行动，而环境的作用则是润物细无声的，好的环境能使人发展积极能量，并保持斗志，而不良的环境则使人逐步地往不良的一方面发展。蓬草生长在细麻地上，可以不需要别人的帮助就笔直生长，但当白沙混进了黑土里，就无法还原成原来的模样。这也说明了正人君子选择居住环境时要选择良好的自然环境，以预防为主保中正。同时强调了教育者也要发挥好环境的熏陶功能，让受教育者在日常教学活动中不知不觉地接受良好的文化教育，让教学环境在教学过程中所产生的积极效应得到更充分的发挥。根据传统儒家学派对环境影响的理解，古代思想家和教育家们一直关注"择处"和"交友"，遵循"友者，故相有也；大道虽不同，何以为友也"的原则，恪守"道不同不相为谋"的道德底线，并竭力创设一种有利于培养思想与道德观念的良好外在氛围。

（二）中国传统思想中对朋辈教育的相关论述

在我国古代，思想家和教育家们就已经对朋辈教育方式有所认识，他们看到了朋辈教育的影响和作用。只是"朋辈教育"这一概念的明确，是发生在近代。

朋辈的相关理念，在春秋战国时期就已经存在，且促进了社会持续稳健的发展。例如大家所熟知的"三人行，必有我师焉。择其善者而从之，其不善者而改之"，就是由孔子提出的。宋朝朱熹用自己的理解，对其进行释义：三个人同行，其他二人有善亦有恶，于是乎，我便遵善德助其改掉恶行。无论是哪种表述，都包含了朋辈教育的理念，通过将自身与同行朋辈的对比，能够发现自身的不足，进而对其进行改进，而对于对方身上的优点，进行吸纳，将其变成自身的优点。以上都属于朋辈教育"互相学习、平等学习"内涵的具体表现。孔子还提出"无友不如己者""独学而无友，则孤陋而寡闻"；付玄说，"近朱者赤，近墨者黑"；《周易》所写，"君子上交不谄，下交不渎"。[①] 从以上言论中，我们能够看出，在我国古代，人们就看到了朋辈的影响作用，并非常重视这种作用。

随着历史的发展，到了近代，朋辈教育更是在社会发展中发挥了重要的推动作用。而于 20 世纪 60 年开始开展的学雷锋活动，就属于朋辈教育活动的最初形式。

---

① 王海燕. 高校朋辈思想政治教育理论与实践——以合肥工业大学为例 [D]. 合肥：合肥工业大学，2012：7.

二、西方传统朋辈教育环境思想

(一) 19 世纪初导生制在初等教育中的运用

18 世纪末，英国的贝尔（A. Bell）和兰卡斯（J. lancaster）推广的导生制（也称"相互教学制度"）是朋辈教育应用的一种形式。贝尔和兰卡斯特继承、推广了这一方法。[①] "1797 年，贝尔在英国介绍了让年长儿童教授年少儿童的方法。这种方法首先在罗马天主教堂中运用，然后扩展到公立学校中。在导生制中，教师将学生分为不同等级，分入若干班级，对各个班级分阶段地分配教材。教师首先对从高年级优秀生中挑选出少数监督助教和必要数量的教学助教进行特别的训练，然后让他们分担监督儿童的工作，帮助教师开展教学与训练。这种方法的实施，使得一名教师可以指导大量的学生，同时也可以节省教育经费。"[②] 此种导生制的推广，不仅推动了班级制度作为学校基本教学形态，更加使得学生教育同龄学生的方法得到认可。

(二) 20 世纪 60 年代以来朋辈心理咨询的发展

20 世纪 60 年代以来，美国的心理咨询机构普遍存在专业咨询人员缺乏的现象，一些接受过半专业训练的人员逐渐受到重视。60 年代中期开始，一些学者开展学生学业朋辈咨询，取得了一定的成效。70 年代初期，Hamburg 等人在美国加利福尼亚州发起了朋辈咨询运动。之后朋辈咨询运动得到推广，朋辈咨询逐渐被大家熟悉和认可。朋辈咨询大部分集中在学校，"应用的领域涉及人格咨询、情绪咨询、自我探索咨询、生涯咨询、适应性（跨文化适应、学校适应）咨询、性心理咨询、学业咨询、道德伦理咨询、药物滥用咨询、酗酒咨询、问题解决咨询、人际关系咨询、辍学咨询、危机干预咨询、时间管理咨询、社会兴趣咨询等"[③] 。国外大学中，朋辈心理辅导发展得比较成熟。如在斯坦福大学，朋辈心理辅导已经有 40 年的历史，斯坦福大学心理咨询中心通过对斯坦福大学生进行

---

① 宋玲. 朋辈教育在我国高校德育中的运用研究 [D]. 上海：上海交通大学，2011.
② 张季娟，袁锐锷. 外国教育史纲 [M]. 广州：广东高等教育出版社，2002：32.
③ 黄小忠，龚阳春，方婷，等. 朋辈咨询的发展与启示 [J]. 中国学校卫生，2007，28（12）：1145-1147.

专业系统的培训,使之具备倾听、情绪处理、问题解决等专业的助人技能。所有的朋辈咨询师需要完成 75 小时培训,考核合格后成为朋辈心理辅导员,他们全天候 24 小时给予主动求助的同学以热线或面对面的心理帮助。①

牛津大学将学生顾问(辅导员)作为创新朋辈支持项目的重要组成部分,该项目主要是确定哪些学生患有抑郁症并且鼓励他们寻求帮助。该校的心理咨询服务对学生辅导员进行 30 小时的辅导培训,专注于基本的技能,如倾听的技巧。之后这些学生可以在自己所在院系以公开的朋辈顾问的身份,提供咨询服务。②

(三) 20 世纪 80 年代以来朋辈教育在公共卫生领域的发展

在西方发达国家,朋辈教育被最普遍使用于性健康教育中,并形成"同伴教育"体系,它在防治艾滋病、性传播和安全性行为中的实践效果也获得了普遍肯定。1957 年,朋辈教育首先被运用于指导国家 Nebraska 大学学生流感免疫力的课程。后来,同伴教育方式被专业运用在避免儿童抽烟与药物滥用的保健项目中。1988 年,澳大利亚生殖保健专家 R. V. Short 博士,首次把朋辈的教育方式运用在医学生预防艾滋病、性传播病以及安全性行为的教育方面,之后,朋辈教育逐渐在英美等发达国家普及并应用到儿童生殖保健、艾滋病宣传,以及毒品、自杀、酗酒、性别歧视和女权问题等领域,主要成果体现于儿童生殖保健、艾滋病宣传等教育领域。

(四) 20 世纪 90 年代以来朋辈教育在大学管理中的发展

朋辈辅导工作最早始于英国的牛津大学。20 世纪 90 年代初期,牛津大学就开始着手探索朋辈辅导(支持)工作。牛津大学的朋辈辅导(支持)工作,在初期进行得并不顺利,其主要表现在以下两方面:其一,导师群体对此存疑,所以不支持工作的开展。牛津大学与世界上的其他大学制度有所不同,实行的是学院制,导师具有较大的话语权。他们认为学生进入学校的主要目的是学习,因此对让学生去做朋辈辅导(支持)工作持怀疑态度。其二,部分大学生此工作的开展也存有疑虑,他们认为只有有问题的学生才需要朋辈辅导(支持)。而今天,经过了多年的发展,牛津大学的师生们已经普遍接受了这项工作。牛津大学

---

① 宋玲. 朋辈教育在我国高校德育中的运用研究 [D]. 上海:上海交通大学, 2011.
② 宋玲. 朋辈教育在我国高校德育中的运用研究 [D]. 上海:上海交通大学, 2011.

现有27个学院参与到了牛津大学的朋辈帮助计划中,每个学院有一个专家组以及6~12名培训过的朋辈辅导员,每年都会培训一批学生以代替流动的学生。现在牛津大学大约有350名朋辈辅导员开展工作。这些朋辈辅导员既有本科生也有研究生。[1] 朋辈辅导员由所在的学院或系的朋辈支持专家组和一名朋辈支持培训员选出,在正式开展工作之前,会对所选出的朋辈辅导员开展培训。由此而掌握工作所需要的所有技能,并能清楚地知道什么时候怎么样转介求助者以获得更为专业的支持服务。每两周一次,朋辈辅导员需要接受大学辅导服务的监督以此来巩固他们的培训,发展他们的技能,并且保证工作没有过重。所有朋辈辅导员都要遵守业务守则。[2]

第二节 朋辈教育环境思想的应用

一、朋辈教育环境思想在西方的广泛运用

20世纪60年代,受到社会、学校以及家庭等诸多因素的影响,美国青少年普遍在心理上出现了各种问题,甚至对正常的生活和学习产生了影响。在当时的社会客观条件限制下,心理培训师的规模和素质都还不成熟。面对这种社会现状,有些学者就通过严格的制度,选拔能帮助自己工作的学生,然后对这些学生一一进行相关培训,培训结束以后便能够直接辅助其开展工作了,为青少年心理咨询的工作提供了极大的帮助。[3]

至20世纪70年代初,Hamburg等人在美国加州发起了朋辈咨询活动。这类活动的主要开展场所为学校,应用的范畴也非常广泛,针对多种类心理方面的问题都有所涉及,具体包括自我发现、情绪管理、社会关系、家庭和谐、时间利用、兴趣爱好等。朋辈心理辅导员不管从价值观或者生活学习方式上都与学生们有着同样的经历,在这些情形下解决学生心理问题就会相对更容易些,所产生的社会效应也就更加突出,从某种程度上来讲具备了自发性、亲密性、友爱性或者服务性等,这就是朋辈心理的主要优点所在。相对一般的心理指导,朋辈心灵咨

---

[1] 宋玲. 朋辈教育在我国高校德育中的运用研究 [D]. 上海:上海交通大学,2011.
[2] 宋玲. 朋辈教育在我国高校德育中的运用研究 [D]. 上海:上海交通大学,2011.
[3] 丁学博. 基于朋辈教育的班导生工作制研究 [D]. 天津:天津医科大学,2017:16.

询没有完全的专业性，但也不要以为这种心灵指导只是一般朋友之间的交流，它以自己的特有方法克服了心灵指导的缺点，很受大学生的青睐和喜爱。

20 世纪 80 年代，澳大利亚的生殖健康专家首次把心理辅导运用到了预防艾滋病及安全性行为教育里，并发挥了重要的作用，自此以后，朋辈教育在欧美等地大范围地应用于预防艾滋病、妇女歧视、安全性教育。① 此外，朋辈教育在禁止黄赌毒中也有应用，其中更多应用于青少年的艾滋病宣传和预防。

20 世纪 90 年代初，英国牛津大学就已开始试图运用朋辈教育来开展工作，多年来，取得了丰硕的成果，积累了丰富的经验。朋辈指导员的指导与帮助，已经普遍获得了大学生的认可。

从西方国家的朋辈教育思想运用历史上我们可以看出，采用传统方式所开展的教学活动，教育者和受教育者之间会因为年龄、身份、思想、知识结构等方面存在较大的差异，而使教育者所传输的教育内容接受程度较为浅薄，也不符合时代特征，不能满足学生发展的需要。而多数教育者所采取的教学模式作为单项灌输模式，忽略了学生个体之间的差异，不能调动起学生学习方面的主观能动性，对学生的发展和进步能够提供的帮助有限。且以往的教育者，通常都认为自己在教学活动中是处于主体地位的，将学生看作从属，不能够调动学生的主动性和积极性，长此以往，学生都变成了只懂得听教育者命令的一类人，缺乏创新意识，也就无所谓自我认同感。而朋辈教育方法的应用打破了教育的固有模式，让教育者认识到了学生的主体地位，并随之改变了自身的教学意识和理念，让学生能够获得更全面的发展和意识领域的成长，使他们能够发挥主动性，用于创新。而西方朋辈教育的发展进程，也证明了朋辈教育的适用范围是非常广泛的，且具有其他方法不可比拟的高效性和时效性，这也为当今朋辈教育的实施提供了成功的实践性依据，于是，朋辈教育才成为发达国家争相推广的教育方式之一。

二、朋辈教育环境建设在中国高校的应用

（一）朋辈教育融入高校思想政治教育的发展历程

在我国，佛山科学技术学院的颜农秋教授，最先对朋辈教育进行了相关研

---

① 丁学博. 基于朋辈教育的班导生工作制研究 [D]. 天津：天津医科大学，2017：17.

究。颜农秋教授在 1999 年时就已经意识到了朋辈教育的重要性，在学校开展朋辈教育的心理辅导，持续无间断地对朋辈教育进行实践经验的积累，在这些实践活动之中进行经验的总结，并在朋辈知识里融入了心理健康方面的知识，提高了朋辈知识信息的丰富度，使之更具专业性。除此之外，颜农秋教授还编写了《朋辈心理辅导理论与技巧》一书，他在书中对于朋辈教育的研究进行了阐述，并且将自己的研究成果进行传授，介绍了许多基本的技巧。①

除了颜农秋教授教授，崔建华、李石、苏兆成等教师均属于在国内率先对朋辈教育展开应用的先导，早在 1998 年，他们就带头组成了朋辈教育团队，并率领团队在黑龙江省、广东省内的多所高校中开展朋辈互动教育的系统培训。经过艰苦卓绝的努力，他们的培训取得了丰硕的成果，也让各高校对朋辈教育的理念均有了认识。并且，他们一起编著了《大学生朋辈心理辅导》一书，将自己对于朋辈教育理的经验向读者进行分享，其中也包含了朋辈教育的理论性知识，为后期各高校的相关实践活动提供了指导。

经过前人的努力，如今，朋辈教育这一方法已经得到了普及，且正在迅速发展之中，各高校在实践的过程中，充分认识到了朋辈教育的优点，助推了朋辈教育方法应用面的扩大，国内许多高校均开始利用朋辈教育来进行思想政治教育，让学生得以全面、健康地成长。

如河北师范大学教育学院于 2005 年探索建立"大学生朋辈教育体系"，并且在校内开展朋辈教育活动。在不懈的努力实践下，朋辈教育的内容模式有了更进一步的升级与优化，取得了十分显著的成绩。通过这个手段对大学生的思想政治教育进行提升，保证大学生可以自我教育，自我发展。② 杭州师范大学于 2007 年开始在校内实施朋辈教育，并且校方还对朋辈教育的形式进行了创新，建立了朋辈小组，以更好地提升思想政治教育的时效性。华北医学院采取在校内建立朋辈教育交流网络信息平台的方式开展朋辈教育，且注重活动效果的反馈，在不断进行的实践活动中，总结经验，并针对不完善的地方进行调整，使朋辈教育体系愈加完善。2010 年，广州医学院成立了大学生就业与职业发展协会，其发展运作就融入了朋辈教育方法，以组织与就职相关实践活动的方式，让大学生更好地提前适应职业生涯，并针对自我不足进行调整，不断丰富求职技巧。2012 年，北

---

① 范爽. 高校朋辈教育德育功能的实践路径 [D]. 西安：西安工业大学，2018.
② 范爽. 高校朋辈教育德育功能的实践路径 [D]. 西安：西安工业大学，2018.

京化工大学推出了"先进榜样"目标引领工程,把先进典型作为学生学习的榜样目标,树榜样、学榜样、做榜样,依据先着手小事的方式梳理了身边典型及精神榜样,继而形成"学有榜样、赶有目标、超有动力"的思想政治教育环境,使之成为高校思想政治教育的发展进程的推手。[①] 2014年,北京航空航天大学在全校分两批设置了20大类1 036个志愿服务岗位,其中主要包括学业辅导、空天文化传播、学生"梦拓"、网络媒体、法律咨询。以志愿者协会为依托,积极组织"千岗百时"志愿服务,共建朋辈教育大爱校园。志愿者们通过为他人提供服务来不断完善自我,在实践中持续进步,同时也为全校同学带去了有效的正面影响。[②] 2016年,中国地质大学开展"青春榜样、携手成长"主题教育系列活动,在德智体美劳各方面分类选拔榜样典型,按类树典型,借助于评选、树立、宣传优秀学生榜样的作用为同学们营造正能量氛围,激励并鼓励同学们一起进步。

朋辈教育与传统教育方式方法相比,是一种全新的教育形式,其创新之处在于教育者和受教育者之间不再具有显著的差异性,并且,受教育者也是青年大学生,他们勇于接受新的知识,并且敢于随时进行自我调整,能够紧跟国家政策,结合当下的社会需求而不断丰富自我并调整教育方式,涉及的内容与群体都越发得宽泛,正是这样才被我国高校引入政治思想工作领域内。

(二)朋辈教育融入高校思想政治教育取得的成就

20世纪90年代,我国教育政策发生了较大的变化,高校开始扩招,其门槛变低,大学生的数量急速增加,而人数的增多带来了各种各样的问题,且各高校的准备工作也不够充足,所以无论是在学生的管理上还是在教育上,都显现出了诸多不足之处。针对这一情况,一些高校开始引入朋辈教育理念,并开展了一些实践活动,取得了诸多成就,表现为以下四个方面。

首先,使高校当下思想政治教育工作人员不足的情况得到缓解。虽然当前各高校均认识到了思想政治教育的重要性,但是,因为多种原因的存在,使思想政治课并没有其他主要学科那么受到重视,且作为一门辅助性课程,所配备的教师人数也是有限的,与整个年级的学生数量相比,相差是巨大的,除了能

---

① 张真真. 朋辈教育在高校德育中的运用研究 [D]. 北京:中国地质大学,2016.
② 范爽. 高校朋辈教育德育功能的实践路径 [D]. 西安:西安工业大学,2018.

够保证正常授课，很难再进行生活上的思想引导，所以高校思想政治教育效果不佳。而能够和大学生距离更近、对他们生活较为关注的辅导员，则通常身兼数职，往往还需要兼顾校方所分配的一些行政工作，也就没有办法将全部的精力倾注在学生身上。尤其当今大学生受成长环境与信息时代的影响，在思想道德品质方面表现在价值观念的多元性、包容性和复杂性。[①] 人的思想状况多变且不可捉摸，并且他们的思想更为早熟活跃，故而教师与辅导员不一定能通过短暂的相处发现问题。"朋辈辅导员"的设置弥补了这个问题，丰富了辅导员队伍，促进管理模式多元化。通过对朋辈人才的充分运用有效缓解当前高校人才需求压力。[②]

其次，使高校思想政治教育的效果得到了提高。朋辈教育中的教育者和受教育者地位是平等的，且在心理状态上、经历等方面都有趋同性，所以能够很好地互动，使两者之间的交流更加顺畅。与传统教学方式单方面的传授不同，朋辈教育中教育者和受教育者之间，是以交流的方式进行的，所以受教育者对于教育信息的接收会更主动，形成的记忆也更深刻。新时代的最大特点是"微时代"的开启，网络的迅速发展，让信息共享更便捷。[③] 但凡事有利必有弊，网络的发达让信息的发布变得更加容易、快速，而目前我们国家还没有办法完全对网络环境进行监管，所以网络上的信息非常驳杂，这些信息中不良的部分就容易对身边环境较为简单的大学生产生影响。这又为高校思想政治的教育增加了难度，而朋辈教育的应用则使网络信息对大学生产生的负面影响得到了缓解。迄今为止，高校朋辈教育环境教育的建设已经有十几年的历史，大部分高校采用的都是"自助—助人—互助"的模式。"自助"是指选拔的朋辈辅导员接受专业教师的培训，自我内化教育内容的过程。"助人"是指朋辈辅导员通过自己内化的教育内容帮助其他同学的过程。"互助"是指在朋辈辅导员帮助其他同学这个过程中，双方各自所收获的教育内容，并且通过这种教育内容达到辐射朋辈群体其他成员的过程。[④] 借由此种模式，选拔出来担任朋辈辅导员角色的大

---

① 喻学林. 近十年大学生思想道德素质现状研究述评 [J]. 思想政治教育研究, 2016, 32 (6): 118-123.
② 叶晓力. 朋辈教育：高校学生兼职辅导员模式的优势、不足与对策 [J]. 河北农业大学学报（农林教育版）, 2017, 19 (03): 119-122.
③ 刘秉亚. "微时代"高校思想政治教育创新研究 [M]. 成都：西南交通大学出版社, 2017: 13.
④ 颜林. 朋辈教育融入高校思想政治教育研究 [D]. 重庆：四川外国语大学, 2020.

学生，在"自助"的过程中将培训的知识内化，而在"助人"的过程中又将其外化，同时又在"互助"的过程中，将知识向周围人群进行了辐射，扩大了教育范围，最终起到提高思想政治教育效果的作用。由此过程我们可以清晰地看出，朋辈教育并非仅局限于校园的小范围环境内，而是能够通过不断辐射，构建出朋辈教育环境，其不仅有助于校园环境的优化、良好学习氛围的营造，更使得群体之间关于教育内容的传播与接收更为迅速。

再次，使教育主体与客体之间能够平等互换。"思想政治教育要'和谐'，就是要求教育者与受教育者具有平等地位，要求教育者与受教育者互相悦纳，避免冲突和对抗，收到求同存异、和而不同的效果。"[①] 朋辈教育环境的建立需要校方的帮助和支持，但是朋辈群体却并不是一种官方组织，也并不营利，其存在的主要目的是营造一种积极向上的环境氛围，通过朋辈群体成员之间的交流，来完成思想政治教育内容的传输，以达到使整个群体成员的思想道德水平得以提升的目的。朋辈教育从本质上来看，是高校大学生之间同辈教育和自我教育的过程，能够充分调动大学生学习的自主性。且在采取不同互助形式时，教育主体和教育客体的角色并非绝对，两者之间具有平等的地位，所以主体和客体能够自由转换，深化教育过程、教育效果。将朋辈教育融入高校思想政治教育，实现大学生在教育中的主体地位，使大学生能够实现自我发展。

最后，丰富了高校思想政治教育教育载体。陈万柏在《思想政治教育载体论》中认为思想政治教育载体是一种活动形式，包含着教育因素的承载和传导，虽为教育主体运用，主客体也可借此相互作用。[②] 课堂教学形式是中国传统思想政治教育教学中最为普遍的一种方法，但采用单向灌输的形式开展思想政治教育教学时，其教育内容单调呆板，缺乏鲜活性、有效度，不能够充分调动大学生学习的主动性，所以通常教育效果都不太理想。将朋辈教育融入高校思想政治教育中，能够同时利用线上平台的建立和线下朋辈教育环境的建设，以平等交流的方式完成思想政治教育内容的传输，丰富高校思想政治教育载体。

---

① 苏令银，主体间性思想政治教育研究[M].上海：上海三联书店，2012：7.
② 陈万柏，思想政治教育载体论[M].武汉：湖北人民出版社，2003：9.

（三）朋辈教育环境建设在中国高校的应用模式

朋辈教育在我国开展已经有了十几年的历史，很多高校都在思想政治教育中融入了朋辈教育方式，随着实践活动的不断开展，其中的一部分高校已经取得了较为显著的成绩。他们针对校内的不同情况，采用了不同的应用模式，极大地丰富了高校思想教育的模式。总的来说，目前我国高校朋辈教育的开展，主要包括以下四种模式。

1. 结对子模式

结对子是一种十分灵活的朋辈教育模式，其组合方法十分多样，包括个人与个人结对、寝室与寝室结对、班级与班级结对等；对象组合也非常灵活，包括同学与同学、同学与学长、同学与毕业校友等；而互助形式上，既可以是一对一的帮扶，也可以是一对多的帮扶；而所涉及的内容，除了学习，还包含了生活中的方方面面。此模式中又包含了诸多子模式，目前，应用较多的有以下四种模式：

（1）针对新生入学教育开展的"学长计划"

"学长计划"的英文是"Student Mentoring Scheme"，简称"SMS"，最早来源于香港地区，近来被我国很多高校应用在新生教育领域，比如大连交通大学、中南民族大学、中国地质大学等。[①] 在整个大学时期，刚走入校门的新生期是十分关键的，多数大学生都背井离乡，心理上普遍会产生一种茫然感，且迈入大学门槛就意味着马上要走入社会，与初高中时期在人生目标、学习方式、人际关系等方面都存在着巨大的差异，所以各方面都需要重新进行调整。如果仅靠自己摸索，很容易走岔路并在心理上产生孤独感；而学长已经经历过新生所经历的一切，掌握了相关的方法，拥有了丰富的经验，此时，让学长对新生进行帮扶，就能够让新生更快地适应大学生活，并不再感到孤独，对校园产生归属感，令他们能够更加积极地面对未来的大学生活。

学长计划中最为关键的是学长的选拔，选拔范围为高校高年级学生中的优秀代表，开展帮扶活动前会经由专业教师对他们进行培训。为了让帮扶活动更有效率，每一个人负责的帮扶对象会控制在10人以内，帮扶期限最少为一年。校方

---

① 赵萱. 我国高校学生事务管理中的朋辈教育研究 [D]. 北京：华北电力大学，2013.

会在帮扶活动开展前制定相应的指导策略和发展方向,并给予经济上的支持。如果在帮扶过程中遇到了难以解决的问题,学长可以向大学生心理咨询中心进行求助,中心也会针对这些问题随时调整培训方针,提升学长的能力,而学校党委则直接负责学长计划的实施以及对学长计划工作进行日常管理。

学长的选拔基于"公平、公正、民主、透明"的原则,选拔的是思想道德品质过硬、学业成绩优异、性格开朗乐观积极、有强烈责任心、较强的组织意识与工作技巧、较佳的心理素质、可以指导新生学习与独立思考的高年级学生。在安排帮扶对象时,一般都要充分考虑学生年龄人数、学科范围、寝室布置等实际情况。学长服务的形式也灵活而多样,能够利用邮件、手机短信、QQ 聊天、音乐会、节假日慰问、烧烤、开展学生交流活动、进行室外郊游等各种途径,加强与学生之间的交流。而许多学校为了鼓励学长们热情工作,也会对成绩优异的学长们予以物质与精神层面的嘉奖。

(2)针对专业课程学习开展同伴小组

思想政治教育是大学生人格塑造和人生观形成必不可少的部分,但是,大学生迈入大学门槛更主要的任务是丰富自身的专业知识,所以对于大学生来说,在学习中占比更多的是专业课程的学习,也是大学学习任务中的重点和难点。大学的教育方式与初高中不同,班级人数也有所增加,教师的时间是有限的,其能力的发挥通常仅限于课堂之中。而学生的学习能力和水平是参差不齐的,针对专业课程的学习开展朋辈教育活动就能够以强带弱,让在学习方面表现较为优秀的学生,将他们的学习方法传授给学习表现较差的学生,能够有效地提升学生整体的专业课学习水平,对增强学生的学习能力和提升学习成绩有着重要的意义。这种模式还能够针对不同系别的专业特点,提升该系学生中普遍存在薄弱性学科的学习成绩,例如对于文科院系的学生来说,理科成绩通常较差一些,而对于理科院系的学生来说,文科成绩通常较差,彼此进行帮扶,就能够使彼此的薄弱学科的成绩均得到提升。且在帮扶的过程中,帮扶的一方也能够进一步对自身所掌握的知识进行巩固,同时还得到了锻炼,扩展了人际关系,对高校育人目标的实现有着巨大的推动作用。

此种模式中较具有代表性的是杭州师范大学钱江学院团委试行的"壹圆教师"育英计划。该学院针对理学分院学生英语学习较为困难的现象,从本校外语学院英语专业选拔了一批学习成绩优异、沟通技能良好的学生担任同伴英语教师，利用分层次、小班化、"一对一"的教学模式使学生结对子，开展了为期一个半月的英语辅导。由于在授课过程中，外语学院的学生可以得到壹圆的象征性报酬，因而此次帮扶行动被亲切地称为"壹圆教师"育英计划。经过一年的试行，"壹圆教师"育英计划在钱江学院理学分院的试点获得了成功。整个育英计划总共实施了两期，共有 30 余名"壹圆教师"参加了帮扶活动，受助学生达 100 多人，受助学生的英语期末考试通过率为 100%，获得奖学金率为 16%。[①]"壹圆教师"育英计划，从不同院系之间学生的专业强弱特点着手，以强带弱，提升了学院整体的专业课水平，在校内受到师生的广泛欢迎，也因为此模式十分具有代表性，各大媒体对其也进行了广泛报道，并予以高度评价和认可。朋辈教育试行的成功，让学院领导提升了自信心，在学院团委的整体牵头和部署下，"壹圆教师"育英计划的实施范围扩大到了整个学院，辅导内容也不再仅限于英语，而增加了计算机考级、普通话考证等领域，在不断满足学生需求的过程中为朋辈教育搭建新的平台，寻求新的突破。

（3）针对职业生涯规划开展校外帮扶

学生经过多年的苦读走入大学校园，其中不乏为了实现梦想等原因而努力，却也不可避免地存在着为了更好地就业而增加经济收入，为成年生活提供更多保障等现实原因。而大学生能够顺利结业，对于高校来说是工作中的重点，也是维系着千万学子及其父母的生活幸福感的关键纽带，开展高校就业教育既是学校的长期使命与任务，也是地方各级政府的殷切期望。高校职业生涯规划教育，对于提高大学生就业能力、培养大学生的合理就业预期、提高大学生就业能力，具有很大的指导意义。在 2008 年，国家就意识到了大学生就业问题的重要性，并对各大高校提出开设相关就业指导课程的要求。为了切实地解决本校大学生的就业问题，并响应国家政策的号召，许多高校也开设了职业生涯规划的必修或选修课程，但是，仍不能够完全解决大学生的就业问题。其中包含的原因较多，主要是因为相关的师资力量不足，指导教师通常由其他专业的教师或工作人员兼任，自身涉猎的学科领域有限，无法了解所有专业的内涵，在向学生传输信息时，很难细致到位。且与社会求职就业相比来说，教师的就业通常较为简单，自身往往缺乏相关的企业求职与工作经历，传输给学生

---

① 章红兵. 朋辈辅导员在高校学生工作中的作用 [J]. 科技信息, 2007 (32): 269-270.

的往往都是理论，很难向学生传授实践经验。而一些高校也认识到了这一点，会通过邀请知名企业人力主管开设讲座等方式来丰富学生的经验。这些举措虽然能够增加指导性，但是主管的视角和学生相差较多，所以他们传授的经验往往较为宏观，很多学生无法感同身受，仍然无法有效地解决大学生的就业问题。

而已经毕业并拥有一些工作经验的校友，不仅能够对学生面对就业问题所产生的困惑感同身受，并且他们与学生看待问题的角度是一致的，他们已经走过就业的弯路，所以他们的经验对于在校学生来说非常具有参考意义。利用校友开展结对子辅导具有重大意义，如南开大学文学院的校友帮扶计划就非常具有代表性。该学院中流传着这样的口号——"要实习，找校友"。依托名校丰富的校友资源，南开大学文学院推出了校友帮扶计划，为学生获得实习锻炼和职业规划指导提供了新的途径——校友交流。南开大学文学院的许多优秀校友已经成为各行各业的中坚力量，他们丰富的社会实践经验和人生阅历对在校的学生来说无疑具有指导和帮助作用。① 在帮扶计划的开展过程中，学院会从学生的就业目标出发，来挑选其目标行业中的优秀校友，让他们以一对一的方式开展帮扶活动，校友不仅可以为学生提供实习机会，还能够借助于电话、邮件等诸多联系方式，解决学生在实习或求职过程中遇到的各种问题，助力学生顺利就业。此计划自开展以来，南开大学文学院利用校友返回母校等机会，已经与近百名校友建立了联系。而每一个经历过帮扶的毕业生，都将成为帮扶计划的资源库，为下一代或几代的学生提供就业帮助，如此形成良性循环，就能够达成提高学生就业率的目标。

（4）针对不同学生开展成长导师帮扶

北京科技大学开展的高中生"成长导师制"活动，就是此成长导师帮扶模式的典型代表。北京科技大学采用了"生生"结对子的形式，通过选拔一批品学兼优的硕士生、博士生担任高中同学的"成长导师"，努力构建"1+2+3"工作格局。"1"是由一名研究生担任成长导师作为辅导主体开展工作，"2"是两名高中生作为辅导对象接受辅导，"3"是成长导师、班主任、家长三方协同，促进育人实效。② "成长导师"无论是对高中的学习和生活，还是今后的大学学

---

① 赵萱. 我国高校学生事务管理中的朋辈教育研究 [D]. 北京：华北电力大学，2013.
② 赵萱. 我国高校学生事务管理中的朋辈教育研究 [D]. 北京：华北电力大学，2013.

习和生活，都有着从自身经历所总结出的经验，利用这些经验，能够引领高中生对他们在学习和生活中所遇到的问题进行解决，学会掌握适合自身的学习方法，且在此过程中，还能够通过自己言行中优秀的一面，来对高中生的思想、心理等方面产生影响，使其向着积极、健康的方向发展。导师与学生之间应该建立平等积极的互动关系，像朋友一样相互学习、共同进步，这种结对子模式是一种亲情化、个性化的思想政治教育模式，使道德教育、心理健康教育、学业指导融为一体，成为学校育人的有益补充。[①]

较具有代表性的还包括华北科技大学所开展的帮扶活动，该大学针对来自"边远、贫困、农村和民族"地区困难学生的成长发展需求，打造成长"1+1"结对互助品牌。以1名有热情、有能力、有经验的优秀教师作为成长导师，与1名有需要的"边远、贫困、农村和民族"地区困难学生结对，有针对性地帮助结对学生健康成长。成长"1+1"自2011年实施以来，学校先后有130多名老师和学生被聘为成长导师，累计结成"1+1"对子231个。[②] 成长导师将发挥品德高尚、专业技术精深、在学校培养工作经验丰富的自身优势，针对社会困境学子生长发育中的特征、规律和需求，从个人理想、道德品质、专业知识、综合素养、技能提升等领域有侧重、全方位地加以指导、塑造与培育，为结对困境学子全面成才助力。

2. 副班主任模式

副班主任制，是一种以提高学生生活独立、思维敏捷、积极进取、人品高雅、认真思考的基本素养为宗旨的学生管理制度。此朋辈教育应用模式始于兰州大学，该校为了更有效地指导学生成长，根据当前学校的教育实践状况以及学生多样化的需要，自2002年开始启动实行一种以培育学生生活独立、思维敏捷、品质高尚、积极进取、认真思考的品质为目标的学生管理制度。最先在榆中校区4个学院进行了试点，发展至2010年，实施范围已经扩展到了20个学院，参与帮扶活动的副班主任共计有102名。副班主任的岗位竞争十分激烈，且筛选也非常严格，能够上任的副班主任都是佼佼者，因此这在该校中也是一种很高的荣誉，代表了全校师生对其人品和能力的认可。

兰州大学的副班主任制度，很好地解决了思想政治教育力量不足的问题，提

---

① 钱红梅. "学生成长导师制"研究［D］. 上海：华东师范大学，2006.
② 赵萱. 我国高校学生事务管理中的朋辈教育研究［D］. 北京：华北电力大学，2013.

高了学校学生事务管理的效率，对学校的各方面发展都具有重要的作用。此制度与上一种结对子模式相比，涵盖的范围有所扩大，除了发挥教育作用，还兼具管理学生的职责。副班主任的职责范围为班级内部，其工作是对班主任的一种辅助，能够极大程度地减轻班主任的工作负担；并且副班主任选拔自学生中间，其本身也是学生，与班主任相比看待问题的视角更全面，能够对学生的学习和生活提供更有建设性的参考意见，给予学生更有价值的指导。

副班主任的选拔范围通常为目标班级相同院系中的高年级本科生或研究生，且仅有在各方面均表现得非常优秀的学生才能够任职。副班主任的工作职责非常广泛，具体包括有目的地指导班级文娱活动的开展；经常深入班级，了解学生学习情况，在学生班级中营造一团正气和优良的学风；建立学生个人档案，全面了解学生状况，及时解决学生中存在的问题，不能解决的及时向老师反映；指导班委和团组织开展工作，培养学生骨干；深入宿舍，创建并指导开展相应的自律活动，如宿舍电脑管理等，丰富宿舍文化生活，形成良好的宿舍风气；加强对宿舍安全和卫生方面的指导和监督；发现和关心班级中的弱势群体，给予疏导并建立特殊学生档案，并在任期结束时进行移交；等等。[①]

为提升副班主任的自身素养和管理学生的能力，并更好地完成副班主任的教育任务，兰州大学学工处会于每学期初组织对副班主任进行技能方面的培训，借此来提高副班主任的应变能力和管理技能，并帮助副班主任改进管理技能，端正教学心态，明确角色定位。副班主任的评价标准是衡量其教学绩效，并体现其人生价值的最主要依据，考评的内容一般包括：对学生作业的辅导、对学生生活日常的辅导、对学校班集体学风建设的辅导、对学生寝室文明建设的辅导、对学校文体活动辅导、对学生表现以及副班主任表现的情况报告等。一般副班主任考评工作每学期开展一次，通过个人总结、学生考评、院系评价和学工部考核的方式进行开展。兰州大学对成绩较优秀的副班主任，将予以相应的经济补贴和评优方面的奖励。目前，兰州学院副班主任体系已运转完善，副班主任和辅导员、班主任、学生父母的搭配更加协调，四者互相弥补，互为促进，让学校职责分工更加清晰，学校工作效率大大提高。

除了兰州大学，广州医学院也采用了以班级为依托的副班主任模式。2006

---

① 徐海林. 兰州大学新生传帮带工作实证研究 [D]. 兰州：兰州大学，2010.

年，为了做好新生入学工作，开始公开从在校大二学生中选拔优秀学生来负责大一新生，担任他们的"代理班主任"。①该校以非常严格的方式对"代理班主任"进行选拔，不仅要求在学习方面具有优秀的成绩，且在思想道德水准、为人处世、言谈举止等多方面均需要有优秀的表现，并且还需要进行过一些社会实践，这样他们才能够在新生的学习、生活等多个方面给予帮助。除此之外，他们与新生在诸多方面都具有相似点，可以让新生在他们身上找到自己的影子，所以他们的经历和经验更易于让新生接受，并可以将之定为自我努力的目标，激发新生的主观能动性，使其更加上进。在与"代理班主任"互动的过程中，新生也可以以最快的速度消除对校园的陌生感，而产生归属感，对于大学的学习和环境，能够更快地适应并融入。这种模式对于校方来说，除了有利于营造良好的校园环境，还能够有效地减轻管理上的负担，并提升对学生状况掌握的时效性，校方能够借由"代理班主任"对学生情况的掌握，来及时了解到新生各方面的状态，可以针对偏差较多的部分，进行及时纠正，避免不良事件的发生，使学校对新生的教育管理更加有效。所以，广州医学院的代理班主任方法充分发挥朋辈教育的独特优势，在新生入学教育工作上取得了事半功倍的效果。②

3. 团体帮扶模式

中共中央、国务院在《关于进一步加强和改进大学生思想政治教育的意见》中，要求"依托社团等组织形式，开展大学生思想政治教育"。③依托学生社团等团体，能够提升高校思想政治教育的效率和水平，这些由大学生所组成的朋辈全体组织，是学校实施朋辈教育的重要载体。

北京航空航天大学从2014年起在全校分两批设置了学业辅导、空天文化传播、学生"梦拓"、网络媒体、法律咨询等20大类1 036个志愿服务岗位。每个大类下建立若干志愿服务站，每个志愿服务站下明确若干志愿服务岗。每个志愿服务岗有5~15名同学承担，实行小组长负责制。"千岗百时"学生志愿服务行动不仅促进了不同学院、专业学生间的互动融合，更增强了同学之间的信任、友

---

① 张真真. 朋辈教育在高校德育中的运用研究 [D]. 北京：中国地质大学，2016.
② 韩卫. 关于初中优秀班主任主体基本素质及工作内容形式的实证研究 [D]. 济南：山东师范大学，2014.
③ 中共中央国务院关于进一步加强和改进大学生思想政治教育的意见 [N]. 人民日报，2004-10-16 (01).

谊和互相关怀，形成了团结互助、温暖和谐、积极向上的校园氛围和人际关系。①

北京师范大学建立了以雪绒花协会命名的大学生心理健康服务社团，其名声享誉全国。虽然是由学生作为主体组成的协会，但是却十分正规，其接受北京师范大学学生社团指导中心和学生社团联合会的监督管理，并接受心理咨询中心的指导和定期培训。以雪绒花使者命名的协会成员分布在校内各大院系，他们的职责主要包括四个方面：参加由学校心理咨询中心组织的学习和培训，提升自助与助人的能力；宣传心理健康理念，倡导与实践积极的互助行动；定期参加由学生处组织的雪绒花使者工作交流座谈会，探讨如何进一步改进工作，提升工作效能；协助班主任、辅导员、院系生活指导室做一些力所能及的组织与协调工作。②

对于表现突出的雪绒花使者，学校还会给予奖励和进行就业推荐。除了为校内服务，雪绒花协会还多次为北京市中小学生提供心理咨询服务，并在汶川地震后远赴四川开展了"心灵救灾"等活动。作为心理健康工作的领头羊，北京师范大学依托雪绒花协会，为全校乃至全社会的心理健康教育工作做出了贡献。③

4. 榜样示范模式

榜样是群体中在各方面都表现得非常优秀的人，其在群体中通过自身的示范，能够起到引领群体中其他人趋同的作用。选拔的榜样出自学生的生活环境，他们共同生活、共同学习，用他们来进行大学生的思想政治教育，更容易获得认同和产生共鸣。

北京化工大学推出"先进榜样"目标引领工程，来推进大学生道德实践。2007年，北京化工大学开展"化工之星"评选，2012年在此基础上加强顶层设计，推出"先进榜样"目标引领工程，把先进典型作为学生学习的榜样目标，按照"三类、四步、五型"原则，树榜样，学榜样，做榜样。"三类榜样"是指树立行业先驱、道德模范、身边典型；"四步推进"是指坚持多元化推进、全方位培育、全天候传承、立体化熔铸；"五类典型"是指培养学习励志、实践奉献、参军报国、诚信友善、创新创业的典型。从小事做起，梳理身边典型及精神榜样，形成"学有榜样、赶有目标、超有动力"的思想政治教育环境，促进高

---

① 赵萱. 我国高校学生事务管理中的朋辈教育研究 [D]. 北京：华北电力大学，2013.
② 赵萱. 我国高校学生事务管理中的朋辈教育研究 [D]. 北京：华北电力大学，2013.
③ 赵萱. 我国高校学生事务管理中的朋辈教育研究 [D]. 北京：华北电力大学，2013.

校思想政治教育的发展。①

　　与之类似的是，中国地质大学（北京）每年都在开展"青春榜样、携手成长"主题教育系列活动。校方在德智体美劳等各方面分类选拔榜样典型，设立多种奖项，汇总各类"青春榜样"的照片、简介、获奖感言和相关事迹，制作成宣传板在学校宣传橱窗内进行展示，在校内各大网络平台上做专题推送，这也为校园榜样群体搭建了一个开放、公平的竞争平台，为广大学生提供相互学习和交流的机会，在全校范围内掀起学习先进、争当先进的热潮。榜样群体中涌现的班级学习兴趣小组、党员帮帮学、宿舍学习小站等优秀经验，在学生中得到了广泛认可和推广，营造了良好的校园文化氛围。②

---

① 张真真. 朋辈教育在高校德育中的运用研究 [D]. 北京：中国地质大学，2016.
② 张真真. 朋辈教育在高校德育中的运用研究 [D]. 北京：中国地质大学，2016.

第三章
高职院校朋辈教育环境建设的现状

第一节 高职院校朋辈教育环境建设的特征

一、人文性

(一) 平等性

在高等教育中,以教育者角色存在的高校思想政治教育老师常常居高临下,加上有年龄上的差异,他们很难打开自己的胸襟,也就很难与学生相互理解和有效地进行交流。朋辈教育的主客体之间具有平等的地位,朋辈教师与学生由于在年龄、生活环境和心理等方面比较接近,使得朋辈师生相比于传统师生而言,师生之间因为年龄、阅历和学识等产生的代沟渐渐消失。[1] 朋辈辅导员和学生之间的互动也更为平等,能够讨论的问题更为丰富,讨论的方式也更为随意,并且交流的次数也更为频繁。所以,朋辈群体在交流自己各自的观点和想法之后,就更易于在人群中引起共鸣,进而对人群中的每个个体都形成一定的影响。

处于新时代背景下的大学生,在面临困难之际,往往更喜欢向身边的好友倾诉,而很少选择向父母或老师求救。所以很多同学会觉得父母、老师并没有真正了解自己,反而更容易由于认识不同而产生不必要的冲突。大学生与同辈人群之

---

[1] 刘海春. 论朋辈教育和高校校园文化建设的耦合与运用 [J]. 高教探索, 2015 (2): 36-39.

间则有所不同,因为大学生与朋辈之间的人际关系本来便是平等的,在年纪相近的同伴面前,被辅导者并没有受到束缚,可以更好地彼此倾吐自身的思想;对被辅导者所面临的心灵问题和学习困境,助人的一方或听说过、或目睹过、或亲历过,也可以更设身处地为被辅导者考虑,并结合他们的生活经验,来传播经验、诉说教训,以便更方便地获得被辅导者的信赖,从而构建互相信赖的良好人际关系。由于朋辈群体间可信度极高,交流方式也更随意与广泛,所以面临问题时在观点上更能产生共鸣。而朋辈群体间的信任和交流,对思想政治教育内容的传递而言就更加便利,而且也更能增强思想政治教育教学的真实性。

(二)友谊性

大学生之间的朋辈互助,不仅有助于生活和学习等方面所产生问题的有效解决,还能够让他们之间产生深厚的友谊。朋辈之间的互助都是群体成员的自发行为,正是因为帮助人的一方感受过被帮助一方所感受过的一切,而被帮助的一方,通过对方的帮助能够在孤独迷茫的时候得到指引,所以双方会更加相知相惜。俗话说"远亲不如近邻",朝夕相对数年且有亲切互动的大学生之间的关系,与亲人之间的关系相比甚至要更亲密。

二、外染性

(一)感染性

在当前的新时代中,生活节奏变得非常快速,各种压力也随之而来,这使人们更愿意接受照片、短视频等这一类直接而形象的信息呈现和传播方式,而电脑与新型传媒技术的迅速发展也给信息的直接形象式传递带来了新技术机会。需求和供端关系的共同发展,为思想政治教学形象化指明了必要性和可能性。思想政治的教学环境,可以充分利用形象化呈现的方法,直接作用于大学生的感官,生成某种有形的效果和无形的影响力,从而达到直接影响大学生的思维、熏陶人的道德情操的目的,并使大学生的思维方式和人生观在不知不觉中发生了改变。朋辈教育环境的感染性,有以下两点特征:

第一,高职院校大学生在不同的环境中受到环境的感染和熏陶作用是不同的。高职院校大学生在不同的环境中所接受到的由周围环境所产生的影响与熏陶的作用具有差异。好的环境能使人奋发向上、情操高尚,而较差的环境却使人消沉萎靡、情操低下。这种环境的不同主要体现在三个方面:首先,校园环境不同,高职院校大学生所受环境的感染和影响也不同。与脏乱差的校园相比,拥有整洁美观环境的校园,会更容易引发学生的归属感和学习的积极性,对教育效果的助力也更显著。其次,地理位置不同,校园环境的感染和熏陶的作用也有很大的不同。这方面主要取决于学校所在城市的经济发达程度和人文水平。如果学校所在的城市经济发达,那么对教育等方面的支持力度通常就会更高,信息的来源会更丰富,文化生活也会更加多姿多彩,从多种角度都能够对大学生产生积极的影响和正面的熏陶。如果学校所在的城市经济闭塞,那么对于教育的支持力度就通常较小,政府通常也有心无力,信息资讯缺乏,也就无所谓文化生活,这样的大环境会让具有旺盛精力的大学生感到乏味、单调,通常也无法对他们产生积极的影响。再次,高职院校大学生的家庭环境不同,所受环境的感染和影响也不同。长期生活在父母感情和睦、教育方法正确有爱心家里的学生,会比出生在父母关系紧张、家教方法单一粗暴家里的学生,人格更全面、情绪更稳定,无论在思想上还是在学业上,都会得到很好的成长。家庭教育风气、家长行为、家庭教育方法等对个人人格的建立具有决定性的影响。

第二,高职院校大学生在同一种环境中受到环境的感染和熏陶表现方式也是不同的。这一点,我们可以从环境感染的主要表现方面进行分析,即情绪感染、形象感染和群体感染。其一是情绪感染。情绪是指个体受到某种刺激所产生的一种身心状态。情绪感染是指社会成员受到社会舆论和社会潮流的影响,产生情绪的波动,并以此对社会行为作出价值判断和选择的过程。[①] 环境会对人产生影响,环境又可以分化为自然环境和社会环境,相比来说,由各种人际关系所组成的社会环境,对人心理层面的影响会更显著一些,所以当社会环境出现变化时,通常都会使人的情绪发生变化,变化越大对人的影响越明显,且与成年人相比,处于青年时期的高职院校大学生,更容易产生情绪的波动。比如,当出现社会恶性事件时,大学生往往会更加义愤填膺;如果发生了国家领土被其他民族侵占的情况时,大学生的爱国主义情感表现得会更加强烈等。其二是形象感染。形象感染是指社会成员受到生动直观的社会事物和典型事例触发,引发情感的变化过

---

① 王欣. 新时代高校思想政治教育环境优化研究 [D]. 南昌:南昌大学,2020.

程。① 人的生理特点决定了大部分的人，更习惯用眼睛去感受事物，所以越能够直观感受到的事物，越能够引发人们情感的波动，并引人深思。例如社会实践、图片或影响、收录的声音等，比起抽象的事物会更容易让人产生情感。朋辈教育属于利用教育者的形象感染而开展教育，作为学生中的优秀代表，其具体的、生活化的形象，具有很强的感召力，所以更容易让学生对其进行模仿。其三是群体感染。群体感染是指在一个群体中，个体成员之间相互作用、相互影响的过程。② 前面我们曾提到过，群体中的成员都具有趋同性，当人们所处的群体，整体是积极向上的，大部分成员都具有朝气蓬勃的精神面貌时，其他成员也会受到影响；反之，没有生机的群体，就会使成员心情沉闷，失去斗志和奋进心。高职院校大学生的年龄特点决定了他们之中的大部分人的心态都是积极向上的，但是年龄特点也使他们更容易受到环境的影响，群体感染的作用更明显。

（二）渗透性

朋辈教育对学生的教育是缓慢的、逐渐渗透的，与传统思想政治教育方式相比，更利于教育内容的内化和外化。思想政治教育与其他学科的教育不同的是，其无法通过成绩或其他量化结果来判断教育是否达成目标；但是，我们可以通过受教育者对于教育内容的接受度和内化度来衡量教学效果，从这点来看，朋辈教育是更有利于达成思想政治教育目标的。朋辈教学的开展突破了传统教师课堂教学在时间、空间上的壁垒，拉长了教学时限；并且朋辈教育使得教学内容可以更加潜移默化地被受教人群所接收和内化，进而提高思想政治教学有效性。

（三）时效性

在校园里学习和生活时，大学生通常会根据平时联系的亲密程度而组成群体，表现为寝室群体、班级群体或社团群体等。而朋辈辅导员就产生于大学生之中，无论通过哪种群体都能够和大学生产生联系，与大学生之间拥有更广泛的接触面。而思想政治教师，与学生的接触面与朋辈辅导员相比就显得非常狭窄。所以朋辈辅导员更易发现大学生在思想和行为上出现的问题，并能够针对问题及时进行沟通。大学生和教师之间身份不同，彼此建立信任就需要更长的时间，而朋

---

① 王欣．新时代高校思想政治教育环境优化研究［D］．南昌：南昌大学，2020．
② 王欣．新时代高校思想政治教育环境优化研究［D］．南昌：南昌大学，2020．

辈辅导员和大学生是同辈，天然就具有亲近感；且与教师只能在办公室等正式场合沟通不同，大学生与朋辈辅导员之间的沟通更随意，既可以在熟悉的寝室环境中，也能够在用餐时沟通，交流方式随意，自由感和信任感也更强。也正是因为以上种种原因的存在，让朋辈教育的帮助和辅导过程实施起来更简单、更快捷，能够有效提升高职院校思想政治教育的时效性。

三、导向性

（一）引导性

对大学生进行思想政治教育的目的之一，就是调动大学生的主观能动性，让他们清楚认识到学习中的主体地位，学会自我教育。而朋辈教育的一个显著特征，就是具有引导性，通过优秀朋辈的引导，让大学生的思想和行为向着积极和正面的方向变化。此特征有以下两方面的表现：

首先，引导性所产生的影响不单贯穿在整个过程之中，且作用也是全方位的。这点，可以从时间层面和空间层面上分别进行分析：时间层面上，朋辈教育环境建立后，会贯穿于大学生的整个大学生涯，始终环绕在其周围。由朋辈教育环境对大学生所产生的正面引导，及校园中所出现的其他正能量因素的引导，均可使大学生产生积极的思想观念，树立正确的价值观，并逐渐稳定。空间层面上，在高职院校就读期间，大学生所接触到的环境并非只有校园环境，还包括社会、家庭以及网络等环境，无论哪一种类型的环境，都能够对大学生的思想行为产生影响。特别是当出现较大的事件时，个体意识会变弱，时空环境所产生的引导作用将会扩大，对大学生的思想观念产生较大的影响。所以我们可以认为，空间环境不仅可以通过全方位、多视角、具体的方式指导高职院校大学生正确地建立自身的价值观；同时，还可以为高职院校大学生思想政治学科建设的健康发展而开创出的一种新途径，并带来大量的知识资料。

其次，引导性的实现途径多样。主要有以下两种途径：其一是舆论的影响力。社会舆论左右民众的观念与行动，针对大型群众性活动，媒体所形成的观点可以在一定意义上带动群众舆论，进而左右群众的思想。大学生长期处于校园中，校园中的社会方向、学习风向等，也在不断地改变和引导着他们的人生观。其二是规范导向。社会法规制度的存在，是一种规定性的引导手段，由于规范存在涉及一定的法律，因此也具有一定的强制性。[①] 校园环境是小范围的社会环境，归属于社会大环境。所以，大学生也受社会法规制度的约束和引导。除此之外，还受到高效内部制度的约束。在学校规章制度与社会法规体系的双重规范下，他们的人生观就得到了一种更加强有力的指引，对他们思想政治观念的引导有着十分关键的影响。

（二）直接干预性

在生活或学习上遭遇难题时，大部分大学生都习惯于向好友或同学进行倾诉或求助，这是因为他们的思维方式往往较为相近，同理心也比较强，不容易担心会遭受批评。而朋辈辅导员，可以在接收到信息的同时直接进行干预，及时协助有需求的同学缓解心理压力、发挥良好督导功能、提供相关意见、保证正确行动、纠正问题行为和缓解心理危机等。例如出现了网瘾问题的大学生，教师可以对其在认知调整、纠正行为等方面进行帮助，但是通常无法时时监督；但这对于朋辈辅导员来说是十分容易的，他们可以在学习或生活中发挥监督作用，引导网瘾学生戒掉瘾好，早日恢复正常生活。

四、开放性

（一）互动性

朋辈之间没有距离感，所以可以进行互动，这也使得朋辈教育具有了互动性特征。这种互动性除了体现为教育者和受教育者之间的交流，还体现为教育过程与自我教育过程的并存。朋辈群体在彼此沟通的过程中，群体之间互动会使不同个体间发生相互影响，即在和别人沟通中，别人思想在被自己所吸收的同时，自我思想也在吸引着其他人。朋辈群体的互动主题广泛、交流形式多样，而且交流时间也较长，所以对朋辈群体的作用很大，而朋辈教育也是促进他们共同健康成长的主要途径。正是朋辈群体间互动的自由性、平等性，导致了沟通更为顺畅，交往也更为平等高效。而这些互动性增强的优点，正是对朋辈群体有效开展政治思想理论教育的有力证明。

[①] 柏银. 新时代高校思想政治教育环境建设研究 [D]. 西安：陕西科技大学，2021.

（二）全员性

在朋辈教育中，主客体之间是平等关系，可以互相转换，教育的过程并非单项，而是双方都参与的过程。建设朋辈教育环境，也就表示校内的大学生，都可以借助于不同的方式参与到高职院校思想政治教育教育中。单纯地只依靠思政课教师和辅导员很难深入了解学生的实际情况和思想动态，导致思想政治教育过程中不能够紧密结合学生实际，教学针对性和实效性问题一直未能有效解决。[①] 但是从学生群体的角度来看，通过朋辈教育的开展，原来的受教育者也能够转变为教育者，每个人都可以成为思想政治教育中的主体，这就大大增强了思想政治教育教育的实效性。

（三）义务性

在大学朋辈教育中，朋辈辅导员开展工作更多的是为了帮助他人，并在过程中实现自我价值，这是公益性的，并不是为了增加收入，依靠的是自己的热情和赤子之心。在开展朋辈辅导的过程中，朋辈辅导员虽会消耗自己的部分精力并花费一定的时间，但在实现了自己帮助他人心愿的同时，也能够得到求助者的感谢与认可，由此也能够通过自我行为增强自信心和自豪感。

第二节　高职院校朋辈教育环境建设的功能

一、价值导向功能

价值导向功能主要是指根据当前社会现实的发展状况，根据当前社会发展的最终目标和需求，进而对个人的道德发展作出指导，以实现符合当前社会发展的需要。学校思想政治教育要求学生个人的核心价值观、思维意识及其社会行为等都满足当前社会需要。而大学朋辈教育则主要是在高等院校中运用的一个朋辈间互相帮助、共同学习的思想政治教育形式，这当中榜样的力量也是很重要的，对学校的思想政治教育水平的发展具有指导和推动的功能。虽然在当前中国高等教

[①] 郭秀丽. 高校思想政治理论课教师与辅导员合力育人机制研究 [J]. 湖北经济学院学报（人文社会科学版），2014, 11 (1): 132-133.

育中并没有明确提出大学朋辈的榜样教育教学体系，不过在实际大学教学过程中已被普遍使用。朋辈的教育应用中，重点还是其"价值标杆""思想灯塔"以及"行为准则"的规范效应，比如一些在校期间的大学生性格比较外向开放，同时在某些领域内的成就突出，在一定程度上也会引导着部分消极、内向的学生。而一些善于沟通与交际的人往往也可以带动自我封闭的学生群体。

大学生朋辈群体中榜样的力量是非常重要的，也正是由于广泛存在的榜样与示范力量，才进一步确保了形成奋发向上、和谐友善的良好学校风气，对整个群体的思维、意识和价值观都形成了深远影响。而通过个人引领学校整体，不但可以使个人变得更加卓越，还可以完善学校整个自我管理、教育环境的发展模式，从而通过朋辈教育提高大学生自身价值与自主创新能力，促进大学生身心全面发展。例如，学校的社团成员来自不同群体，他们由于同一个兴趣而凝聚在一起，彼此交流、互动；社团的领导者一般都是优秀者，他们组织不同的活动，将这种团体精神传承下去。这样的高职院校朋辈教育就更能使思想政治教育价值导向的功能得以实现。

二、凝聚激励功能

朋辈教育活动中的朋辈群体也具有群体的凝聚力。朋辈群体的凝聚力是指团队内的成员在进行朋辈教育时，如果成员的思想观念、价值观和世界观相同时，就很容易引发团队的凝聚现象出现。在开展朋辈教育活动时，因为朋辈间从各方面来说都具有趋同性，所以在成员间互相帮助的过程中，就会产生一种凝聚力，而这种凝聚力通常都会以潜移默化的形式对团队造成较强的压力，以帮助大家一起发展、共同进步。

在高职院校思想政治教育中，作为一个极其重要的教学手段，心理激励这种方法也往往会运用在教学中。心理激励活动主要是指利用特定的教育手段和措施，通过合理的激发，引导人们形成一些积极思想、愿望和行动的心理过程，并通过激励活动传达给教学主体一个积极的、强烈的思想信号，从而诱导教学主体形成心理、情感以及行动的积极变化，在经历道德情感深化以及道德意志意识完善的过程之后，逐步促使大学生心智情感和教学行为思想健康发展，最后实现高职院校思想政治教育工作的平稳发展，达成思想政治教育最终目标。朋辈教育本身就有着难以比拟的激励功能，通过对大学生进行鼓励，促进大学生身心健康发展，从而克服他们固有的缺点。虽然当前高职院校朋辈群中特质、行为习惯和个性多种多样，但在同样的氛围属性中，一旦个人特质与人群发生冲突，想要迅速融入群体，个人也会慢慢调适自己行为习惯以便能够融入人群并为大家所认可，这正是人群归属感的表现。社会学明确指出，这是朋辈的对象为便于得到该阶层接纳或认同所采取的一种行为。这种朋辈文化，可以让社会客体在潜移默化的作用下放弃自我的边缘主张，并进行适当的引导，从而直接介入整个社会。

在当前的高职院校思想政治教育中，朋辈教育的教育者与受教育者的发展目标是相同的，但通过教育活动的不断展开，群体中的部分人就会转化成为朋辈教育者，对其中具有不足的朋辈受教育者加以激励，加强受教育者的自身提升意识，从而形成正向激励功能。随着朋辈教育的不断深入，这种激励作用还会进一步加强，不过它绝非短期的激励效果，而且还具有较长时间的激励效果。鼓励大学生通过自我评估与自我成长，找到自己所存在的缺陷并加以改变，他们就能够完全根据自己的行为特征对自我状况加以改变，从而实现成长。在这种激励作用影响下，他们往往可以掌握更多的能力，认识自身的使命与责任，把这些能力具体贯彻到实际行动中去。

三、约束干预功能

当前大学生所面对的社会环境中往往存在着较多的思想突发状况，同时他们的承受能力能够又较为薄弱，所以，高职院校思想政治教育工作的关键点之一便是要建立好对大学生思想活动的干预制度。社会环境的多变要求高职院校思想政治教育人员也必须适时改变思想政治教育观点和教学手法，在总体上做好教学行为的把握与构建，营造出良性的高职院校教学与生活环境，扩宽教学理念，最终建立有效可行的防范与干预制度。大学朋辈教育对于该问题的处理也给出了良好的支持与协助，这主要是因为当前大学生朋辈之间所处的环境具有很大的重合，而学生并不具有独处空间，这也就给学校对突发状况的处理带来了优势。这主要在于当前每个个体，思想的偏差都可以很轻易地被同学或室友所察觉到。在这个群体中，当违纪行为发生时往往被周围人在第一时间感知到，并积极掌握了现场状况以便于作出合理有效的引导与干预，从而减少或错过了危机疏导的最佳时期。即使对当前学生的状况朋辈群体还无法进行合理的引导，也能够及时根据已发现的重要信息进行报告，从而使得学校工作人员准确了解实际情况，并针对危机事态发展作出有效的干预，这样才能防止危机事态进一步发酵加剧并产生巨大的社会不良影响，从而作出正确的预防。大多数朋辈辅导员的身份也都是大学生，可以对高职院校大学生群体实施科学高效的监督，使得学校朋辈与教师们在教学推进过程中，可以正确地把握最佳时机，处理学生的思维问题和心理困惑，从而有效减少学生心理问题和精神压力，把学校的突发状况扼杀于萌芽中，并遏制其传染与扩散。在平时的教学生活中，也可以将教育督导的功能发展至极限，以保证及时开展事件警示，从而增强了学校思想政治教育的制约干扰作用。

四、规范同化功能

在高等院校中，大学生群体内部会存在一个大家都默认的道德标准，而因为学生各方面水平的差异，这个标准并不是每一个大学生都能达到的，但是，在朋辈教育环境中，某些达不到标准的学生往往也会潜移默化地被大学朋辈教育环境所熏陶着，进而在无知不觉中逐渐向着更好的一方面成长，这就是大学朋辈教育规范同化的功能的体现。大学朋辈教育的受教育者通常是那些对当前学习环境和生存状态的理解出现了偏差，思维固化，对当前校方或教育者的教育思路和教学理解并不认同的大学生。这部分学生本身也通常存在相应的心理问题，比如学习能力不足、自我约束力不够、性格比较内向、不擅长人际关系等。利用大学朋辈教学主体与教学客体之间的互动、沟通、互帮互助等，就能够对这部分学生加以疏导与引领，从本质上来看，大学朋辈教学也是一种相互沟通与了解的过程。

借助这些互动因素，不管是朋辈教育教育者还是对受教育者，都可以使自己变得更加充实与完善。而朋辈教育本质可以说是一个整体的育人环境，是通过双方的交流与影响，达到相互促进的效果。在朋辈群体中，学生们往往更容易接受对方的影响，并最终形成互帮互助、相互同化的关系。同时通过朋辈教育，还可以促使双方建立良性的协作共赢伙伴关系，朋辈关系互相促进不断改善。朋辈教育健康的前提条件是人群相互合作、协同发展，而这实际上也是一个集体流转的步骤，这个流转从学校内部动态展开，最终产生了人群归属感与正向影响，实现了人群的共同进步、协同发展，从而积极高效地促进了全体学生的自我发展。

五、调节转化功能

以往的思想政治教育中,都是教师占主导地位,这也使得教师容易居高临下地对待大学生,也就无法深刻地理解大学生的思想动态。通过朋辈教育的开展,有效克服了以往思想政治教育的弊端,调整了学生与思想政治教师之间的人际关系,让学生能如好友一般与教师顺畅沟通,不但缩短适应期,而且也可以让彼此打开心扉,提出自己的问题,确保他们在出现困难之后获得有效的支持,使大学生更健康地成长。

同时,朋辈教育的思想政治教育过程中存在互动交流的过程,在日常交流活动中,朋辈的主客体可以看到许多自己无法认识到的问题,在朋辈的活动中也常常可以凸显出来。这也表明在朋辈教育中,教育者与受教育者的角色并非永恒不变的,有可能在朋辈教育活动开展的过程中,从对方那里看到了当下自身所存在的缺点,并由此产生了互帮互助的作用。

第三节 高职院校朋辈教育环境建设存在的问题

一、存在问题

(一) 高职院校对朋辈教育环境建设缺乏足够的重视

1. 高职院校对朋辈教育的重视力度不足

高职院校在开展朋辈教育时,通常都是沿着学校常规的思想政治教育方式实施,将朋辈教育当作学校进行大学生思想政治教育活动的一种形式、方法,并以为大学生之间天生就具有朋辈交往、相互作用的互动体系,而不需要学校专门出台相应法律法规和标准去进行指导,这也导致了高职院校对实施朋辈教育的指导理念和政策都没有很深入的了解,也缺乏具体实施朋辈教育的领导思想和配套政策,而忽略了朋辈教育的长期发展需求,由此造成了朋辈教育没有规模性和持久性,也无法形成在校内区域内成功构建朋辈教育整体环境,从而导致了大学生朋辈教育的认可度很低。

2. 高职院校思想政治教师对朋辈教育的重视力度不足

高职院校思想政治教师是高职院校思想政治教育工作的主要负责人,他们需充分考虑到朋辈教育这种思想政治教育方式和常规思想政治教育方式之间的差异性，并根据当前新时代大学生的心理特点，调整思想政治教育教学内容，多采取朋辈思想政治教育方式，同时通过对朋辈辅导员开展专业培训来提升他们的思想政治教育能力，以让朋辈教育发挥出最大的效果。

朋辈教育和中国传统思想政治教育方式相比较，有着得天独厚的优势。朋辈教育进一步变革了中国传统学校思想政治教育方式中片面、单向的理论灌输教育，完成了向理论和实际相结合的双向互动教育教学模式的改革。此外，通过朋辈教育还可以实现对学校思想政治教育的外在要求，和对学校的自我教育相结合的统一。这也可以表明，朋辈教育在大学生群体中的思想政治教育方面有着不错的效果。但从目前的多数高职院校所开展的朋辈教育活动来看，活动范围相对狭窄，并不能适应广大学生群众的实际需要。

校园中朋辈教育活动的开展多由学生干部牵头，也有部分是由学校大学生自觉组织的，仅有极少数的朋辈教育是在学校教师的主导下进行的。本书所要探讨的朋辈教育环境的构建是高等院校思想政治教育工作的一部分，是一个高等院校思想政治教育教学的重要内容，它的整体运行过程，当然需要有专职的思想政治教师以及高等院校有关方面人员的支持和参加。如果仅仅依靠大学生自身的能力，是很难按期开展管理工作的，更无法取得预想的成效，就更不能保证它长期地保持或扩展下去。

（二）朋辈群体环境的非正式性

1. 高职院校朋辈教育制度建设有待完善

系统合理的组织制度是将朋辈鉴于环境建设引向健康有序的方向的重要保障。朋辈教育的实施范围非部分班级或部分社团，它是一种校园整体环境的建设，所以，需要高职院校从领导到学生的全力配合。

如何提高高职院校相关领导干部对朋辈教育问题的关注；确定学校实施朋辈教育工作的总体目标；制定相关制度，明确朋辈辅导员的工作内涵、工作方式；建立一套对朋辈辅导员招聘、遴选、培养、考核的稳定制度体系；明确规定朋辈辅导员的具体工作职责，以及对管理朋辈辅导员工作的成效实施长期的追踪与反馈，在教学实践中针对学校各种实际情况和突发状况调整管理工作方式等，这些都是根据学校实际在朋辈教育的开展与管理工作中需要进行规定的。

2. 高职院校朋辈管理并未建立有效的工作体系

目前高职院校朋辈教育只是通过单一的工作方式进行，在思想政治教育工作各职能部门中尚未形成系统、完善的工作体系。目前多数高职院校尚未有专门的或者是独立的进行朋辈教育的组织对朋辈教育进行评价和约束，只能达到高职院校朋辈教育的初级阶段，仅仅有部分人了解并且去进行朋辈教育，并没有形成完整合理的体系，达到朋辈教育的高级阶段，"形成榜样力量和文化圈"。[①] 出现这些现象的主要原因，是当前高职院校内部对于朋辈教育还并未产生一致的认同意识和积极性，所以重视程度也就不一样，尚无人从更顶层设计的视角对朋辈教育加以反思和衡量，更别说出现各方积极参与、共享发展成果的良性局面。在这些情形下，无法以更高的视角、更全面的视野来对朋辈教育加以评价与发展，也无法实现及时高效地监管与把握思想动态，对其中的复杂问题也无法快速干预、直接解决，而各个部门之间也无法针对复杂的问题作出合理的协同处理。

3. 朋辈教育的管理方式有待加强

（1）对朋辈教育的实施组织者缺乏管理

在学校朋辈教育管理具体的活动实施上，由于朋辈教育的实施主要是由组织者直接指导、由学员主动参与这两个方面构成的，学校各项活动的实施都无法脱离学校教师的直接监督和管理，所以，建设一个专门服务于学校朋辈教育管理活动的教师队伍是必要的。针对这个现象，高职院校可以设置一个专业的学校朋辈教育服务部，将其规划到团委之下，当朋辈教育活动需要设施和服装等方面的需要时，服务部就能够给予后勤保障；当学校朋辈教育的活动实施中需要配合各类学校活动和社团时，服务部就可以做好必要的协调联络和人才调配工作；当学校朋辈辅导员活动遇到困难的时候，服务部就可以向专业的学校老师寻求帮助，让他们进行引导和帮助。这就要求校方提高朋辈教师的学术素养，以助于朋辈活动的顺利开展。管理教师队伍建设的重要性并不单单只是表现在教育教学方面，其对朋辈教育活动持续健康开展和优化也具有相当积极的作用。

（2）学生朋辈教育者的管理存在疏漏

在部分注重学生朋辈教学环境构建的高职院校中，也曾经采取过招聘、评选、考察等程序，选拔出了一批品学兼优的学生作为学生朋辈辅导员，来起到榜

---

① 范爽. 高校朋辈教育德育功能的实践路径 [D]. 西安：西安工业大学，2018.

样的示范和带动效果。可是,通过有关研究,人们可以看到在对学生朋辈教学实践的效果反馈中,部分需要接受朋辈指导的学生认为"辅导自己的学长也很忙,不好意思去打扰""他们有时候不能给我有效的帮助"。同时,部分学生朋辈辅导员由于年龄的增大,又或者的确面临着学习负担重求职压力等社会现实问题而被牵扯了很多精力,使他们没有充足的时间开展朋辈教育工作。上述问题的出现严重制约了高职院校朋辈教育事业的顺利开展,所以应该给予高度重视,并寻找到正确方法予以解决。

(三) 朋辈教育队伍建设不健全

1. 朋辈教育队伍选拔难

不管建设什么类型的大学生朋辈教育工作团队,从学识、能力和人格价值观这三层面的综合考虑,都不可忽视。具体来说就应该是丰富的知识结构,助人为乐的职业道德,良好的人际关系,敬业担当的业务心态,科学的世界观、人生观、价值观等,这都是一名出色的大学生朋辈教育者所必须具备的基本素质。但如果按这种要求去挑选朋辈教育者,就势必会导致人才选拔困难的情况出现。但是一旦降低了标准,即使在知识和教学能力的层次方面出现了偏差还能够补救,如果一旦在人格价值观方面出现了偏差,就很容易出现严重的问题。再者,也就是因为大学生朋辈教育工作团队的人才选择比较复杂,系统培训的工作量很大,耗时时间又比较长,而且由于一名学生在校的时间是有限的,一名朋辈辅导员有可能才刚结束了培训,就常常面对着离校或择业的问题,导致朋辈教育普遍陷入了"选择难、培训慢、刚刚熟悉就不干"的境地。

2. 朋辈教育队伍缺乏有效的培训机制

朋辈教育队伍是朋辈教育环境建设的主要成员,是活动的执行者。对朋辈教育队伍的有效开发、合理配置、充分利用和科学管理不仅是一种管理手段,对高职院校朋辈互助的开展更是意义重大。朋辈教育队伍代表的是高职院校思想政治教育工作者的素质和形象,其素质直接决定了朋辈互助在高职院校思想政治教育工作中开展的成败。

而目前,在多数高职院校中,担任朋辈辅导员的大学生没有接受过专业培训。朋辈辅导员所接受的培训必须是专业的,必须有针对性,不仅是社会学、法学或者心理学的相关基础知识方面的培训,更为重要的是朋辈教育队伍专业技能方面的培训。① 而所有的技能中，懂得如何才能够与被援助的一方进行有效的沟通是最为重要的，因为，其为朋辈教育活动能够顺利开展的基础。而在与被援助的一方建立信任后，还要有能够解决问题的能力，而且因为人具有不同的个性和生长环境，所产生的问题并不一定会具有共性，所以需要解决的问题也是十分多样的。若朋辈辅导员没有经过专业的培训，开展帮扶工作仅依靠自己的热情，很可能会导致朋辈教育活动无效或失败，因此说，对朋辈教育队伍前期的专业培训是一项至关重要的任务。

二、问题存在的原因

（一）朋辈教育长效机制有待健全

1. 缺乏有效的组织管理机制

不管活动的规模是大还是小，如果缺乏有效的组织管理机制，没有合理的组织领导，就不能顺利进行，就不可能获得突出的效果。当然，光有组织机构是不够的，管理才是整个组织的灵魂，唯有高效的管理，才能使整个组织高效运转并发挥最大的功效。而组织的优劣并不取决于组织规模，重点在于要划分清楚，各组成部分各司其职；而管理最关键的功能也取决于有效管理，唯有好的管理才能起到充分调动组织员工的积极性作用，调整好项目的不同方面及其与人和环境之间的相互作用，使整个项目按计划顺利进行。

因为每个大学生在校时间有限，先要保证一项工作的效果能够持久，势必需要一个衔接的阶段。而目前的交接处理方式往往无法让朋辈教育文化的精神得到发扬，很多细节没有得到良好的继承与提升。高职院校思想政治教学中的朋辈互助并非一朝一夕所能进行的，其对象也并非一届或两届的大学生，而且其实施也必须是一个长期而艰苦的过程。并且，在高职院校思想政治教学中的朋辈互助，也并不仅仅针对某个人而开展，其对象更是整个大学全体的大学生，针对的甚至是几万人的生活环境，而且其实施力度也是相当大的。所以，在高职院校思想政治教育中朋辈互助的实施，必须先要建立非常健全的组织管理机制。

总的看来，当前大部分高职院校所开展的朋辈教育活动的组织管理，都存在

---

① 张真真. 朋辈教育在高校德育中的运用研究 [D]. 北京：中国地质大学，2016.

以下三个问题：其一，组织不完善。目前来看，除了极少数的高职院校，大部分的朋辈互助活动均为大学生自发组织，过程中缺少教师的指导监督；其二，缺乏支持与重视。正因为没有校方的大力支持，所以很多朋辈互助活动无固定场地，也没有相应的活动经费，没有好的条件，通常也就无法获得最佳的效果；其三，管理不善。学校定期开展活动的频次极低，活动不能坚持，也没有达成最好的效果。从以上可见，没有完善的组织机制，是目前中国高校朋辈间互助活动不能顺利开展的最主要因素。

相关调查结果表明，仅有很少的朋辈教育活动有相对详细全面的规定或者实施的规范、条例，这些朋辈活动的开展甚至仅有几个简短的非成文要求，还有不少活动连规定也没有，或仅仅有口头上的几个规定。同时，在校毕业生中只有少部分人进行过与朋辈教育有关的教学活动或对其效果进行了评估或测试，其余对结果的评价或测试只偶尔简单进行过，甚至几乎完全没有。

朋辈教育活动的开展是朋辈教育的基础和主要方式，也是朋辈教育环境建设不可缺少的一部分，所以朋辈教育活动的开展不应是一次性的活动，需要长期、定期地举办。为了给今后的更多活动提供参照，必须建立具体的活动规章制度，并且需要将这种规章制度做成书面材料，让大家来约束和监督活动。同时还要对每个活动的结果进行有效的考评和检查，对活动中存在的某些现象加以有效的改进和总结。

2. 缺乏有效的互助形式与途径

朋辈互助是对高职院校思想政治教学方式的又一次革新，而这个创新的模式究竟采用了什么方式和方法来进行教学，将成为影响学校教育成败的重要因素。朋辈互助通过怎样的方式或方法可以用最小的成本、最小的资源取得最大的效果，这对朋辈互助在高职院校思想理论教学中如何真正地发挥作用是十分关键的。

目前大学生参加的主要朋辈互助活动是心理健康类，占到53.9%。其他朋辈互助活动主要是学生干部发起、同学报名参加的专业理论与技能类（13.7%）、娱乐消遣类（17.1%）的社团活动或者公益活动。[①] 以上这些形式的活动，虽然也能够起到教育大学生、开阔他们眼界的作用，但并没有将对大学生进行思想政治教育作为目的，也就无法提升高职院校思想政治教育的效果。

---

① 邓文锋. 高校思想政治教育中朋辈互助的研究［D］. 青岛：中国海洋大学，2012.

综上所述，在高职院校大学生的思想政治教学工作中，开展朋辈互助活动对于他们而言不仅仅是一个要求，更是一种需要，已然成为一项势在必行的任务。不过，我们还应该发现，阻碍大学生朋辈互助工作正常开展的不只是大学生的主观因素，很多硬件条件和环境也不能满足所要求的客观条件。要想朋辈互助顺利融入大学生思想政治教育教学工作中，就一定要有严谨的政策规划、有效的组织管理、得力的人员配置、科学可行的开展方式。

（二）朋辈教育独特优势有待发挥

1. 缺乏对朋辈教育概念及相关内容的认识

尽管各大高校都或多或少地对朋辈教育活动有所开展，但通过调查发现，相当大一部分同学对朋辈教育这种思想政治教育模式尚不是很清晰，甚至有40%的同学根本没有听过这个概念。了解朋辈教育这种思想政治教育模式的同学仅占31%，这也从侧面反映出高校仍需积极拓展朋辈教育活动在学生群体中的覆盖面，以加深朋辈教育这种思想政治教育模式在学生中的认知度，从而促进高校思想政治教育的发展。[①]

2. 没有意识到朋辈教育的独特优势

朋辈教育活动有其传统思想政治教育活动所欠缺的优势，因此高职院校应该充分运用朋辈教育活动，以进行更有效的思想政治教育。目前，部分高职院校确实也会举办一些关于朋辈教育的活动，但那都无法算作规范意义上的朋辈教育，因为他们大多数的活动开展最终结果仅限于充实了大学生的学校生活。

大部分的大学生并未意识到由朋辈教育活动所产生的心灵引导、危机干预、榜样鼓励、促进个人自主发展、营造集体团结气氛等的特殊优势。所以，通过在学校中积极开展有效的朋辈教育活动，发挥朋辈教育自身的优越性，不但能够克服中国传统思想政治教育模式的缺陷，同时在大学生群体之间也可以营造互促互进的和谐气氛，从而推动学校的自身提高和发展。

3. 高职院校朋辈教育尚未得到广泛应用

虽然目前在高职院校中"朋辈教育"的理念已经进行了广泛的传播与普及，但是大部分院校对朋辈教育的主要方式还是停留在心理咨询时期。虽然目前朋

---

① 张真真. 朋辈教育在高校德育中的运用研究［D］. 北京：中国地质大学，2016.

教育的领域已经进行了很大的拓展，已经实现了全面多元化的拓展，涉及心理咨询、思想管理、人际交往培养、职业生活培训等许多领域的知识，但是部分院校对朋辈教育的开展时间与范围还不够明确，导致学校各个职能部门与专业院系对朋辈教育一直保持着观望态度。而且很多高职院校的朋辈教育也只能面向单一的领域，例如开展心理咨询，甚至是大学毕业生的入学辅导等领域。但是大学思想政治教育本身有着复杂多变的特性，要想在思想政治教育中体现朋辈文化，就注定了大学的朋辈文化也必须具有多面性。目前，尽管朋辈文化对高职院校的大学生的思想道德的培养与规范产生了重要的作用，但系统合理地体现在大学生身心健康、成才培育和就业指导上的朋辈教育仍然很少。

# 第四章
优化高职院校大学生朋辈教育环境建设的路径

第一节 建立朋辈教育环境建设长效机制

一、建立高职院校朋辈教育环境建设的制度保障

(一) 加强朋辈互助的组织管理工作

大学生是国家未来发展的中坚力量,他们的思想道德水平,对国家整体的前途和命运都有着重要的影响。而朋辈教育作为一种新型的思想政治教育方式,有着天然的优势,对高职院校思想政治教育的诸多方面都能够产生助力,因此,应该被高职院校的校方予以高度的重视,并对于朋辈互助活动的组织管理给予多方面的支持,同时制定相应的问责制度对活动的顺利开始和长期开展给予保障。

加强朋辈互助的组织管理工作,制定相应的问责制度具有以下优点:其一,任何一项工作的开展,是否有正规制度的约束,给人的感觉是完全不同的,对于朋辈互助活动来说,相应问责制度的建立,能够体现出互动的正规性和严肃性,让朋辈活动的开展显得十分重要,自然能够获得大学生的信赖,让活动的开展形成一种良性循环。其二,问责制度的存在,让朋辈互助活动在组织时有制度可依,无论出现任何问题,都可以根据制度的条例来进行解决,当组织方无法解决时,还可以向校方寻求帮助,使问题得到解决。可以说,问责制度的存在与否是活动中所出现问题能否迅速解决的关键。其三,问责制度的存在,本身体现的就

是校方对朋辈活动的支持与鼓励，是一种极大的肯定。而来自领导阶层的鼓励和肯定，会更加调动参与活动的同学与教师的积极性，使他们会更努力地工作，提升朋辈互助活动的效果。

而校方问责制度的实施，具体可以参考以下方法：其一，针对在高职校园范围内开展的朋辈互助活动，校方委派负责人全权代表校方进行负责，责任范围为指挥活动的顺利开展，具体权利包括决策权、指挥权、人事权和财务权等。这部分为校方总体领导问责制度。其二，高职院校之中还包含着多个院系，因此在校方总体问责制度之下，各院系的领导针对朋辈互助活动的开展也需要建立相应的问责制度。各院系委任一位或多位教师，对在院系范围内开展的朋辈互助活动予以负责，负责人主要职责为重大问题的上报、重大问题的决策、重要活动项目的指挥和监管、本院系朋辈互助督导员的任命以及活动经费的申请等。校方负责人对各院系的负责人有监督权和指挥权。其三，除了需要相关领导，还需要有责任人对朋辈辅导员的工作进行负责，负责这一事务的即为朋辈互助督导员，任职的为高校思想政治教师或班级辅导员，以从更小的层面对朋辈互助活动的开展进行监督和问责。各院系可以结合本院系中的学生数量来安排朋辈互助督导员的人数。朋辈互助督导员直接对朋辈辅导员负责，在开展活动中遇到问题时，朋辈辅导员可以直接与朋辈互助督导员联系寻求问题的解决方案，朋辈互助督导员的工作范围主要包括朋辈教育队伍的选拔、具体活动的开展、具体问题的指导、重大问题的上报等。

（二）制定翔实有效的规章制度

1. 制定朋辈互助组织管理制度

组织管理制度包括有关人员的任用规定和调整细则，各部门人员的职能、权限、责任、沟通协调方法等具体责任、组织工作纪律规定和组织内各部门和各人员的联系信息等。管理制度的制定，可以为朋辈互助活动的实施开展提供保障。

朋辈互助组织的管理制度，主要负责人为朋辈组织部门的管理者。他们在朋辈互助活动的开展过程中，负责明确活动开展原则和方向，为了保证活动的顺利开展，需要制定实施策略并明确各部分工作的责任人。

而以上提及的，仅是管理制度的基本条例，除此之外，还需要明确朋辈教育中的特殊要求，如对负责人的素质、职责、聘任、任期、奖惩和发展方向等作出明确的规定，让各项工作有明确的制度可依，就可以提升管理工作的有效性。

2. 制定朋辈教育队伍选拔制度

选拔制度是针对朋辈教育队伍的选拔所制定的规章制度，具体涉及人员的选拔标准、选拔方式、具体程序等，为队伍的选拔提供依据。

环境的建设需要有明确的主体，对于大的环境来说人是建设环境的主体，而针对高职院校的朋辈教育环境来说，朋辈教育队伍就是主体，是一切朋辈教育活动开展的重要基础。朋辈辅导员的各项素质，对于高职院校的朋辈教育环境建设有着至关重要的作用，所以朋辈辅导员的选拔应有着严格的标准和制度，具体如下：正确的帮助角色和技能示范；情绪的安全性与稳定性的示范；理解所提供的帮助；愿意提供帮助；对所帮助的对象具有敏感度；具有被跟随的示范能力；对或大或小的群体在培训和监督活动中的管理能力。①

针对以上所提及的具体选拔制度，各高职院校可以从自身特征和实际情况出发，进行朋辈教育队伍成员的招募。招募方式通常有两种方式：第一种，在平时表现比较优秀的大学生中进行朋辈辅导员的选拔。朋辈辅导员是公益性的存在，并且在工作过程中需要耐心和热情，所以对于朋辈辅导员的招募，更建议采取自愿参与的方式，只有这样，组成的队伍才能保证朋辈教育队伍的先进性，也才能有助于思想政治教育效果的提升。第二种，在全校范围内采用多种宣传手段对选拔活动进行宣传。从普通高年级学生中选拔朋辈辅导员，对于有工作热情、自身有相应能力或有一定特长的大学生，可以优先录取。以上两种招募方式相结合，能够保证朋辈辅导员的多样性。

以上是较为笼统的选拔制度的分析，而针对具体的朋辈教育队伍的素质、能力、知识面以及其他素质等，均有详细的要求，具体如下：

(1) 朋辈教育队伍的选拔

朋辈教育队伍存在的主要作用，是分担思想政治教育工作者的部分工作，并助力提升高职院校思想政治教育的水平和时效性，思想政治涉及的是一个人的道德水平，所以对朋辈辅导员的素质水平要求较高。组织行为学中有一段话，认为建立团队的标准是"三会：会说、会写、会做；三做：先做人、后做事、最后做领导；三明：开明、精明、高明；三心：耐心、真心、诚心；三人：人才、人和、人气"，此可以作为朋辈教育队伍的选拔标准。有着这样素质成员的队伍，必然会具有超强

---

① 邓文锋. 高校思想政治教育中朋辈互助的研究 [D]. 青岛：中国海洋大学，2012.

的团队凝聚力，对于高职院校朋辈教育环境的建设，提供极大的助力。

(2) 朋辈教育队伍的能力要求

主要包含了以下三方面的内容：其一，要求朋辈辅导员具有较强的洞察力和分辨是非的能力。一般大学生在遇到困难和自己不能解决的事情的时候，因为年龄、心态、自尊等原因，通常都很难主动请求其他人对自己进行帮助。这就要求大学朋辈辅导员要有极高的洞察力，及早发觉可能存在于大学生中的关键问题，使事情可以得到更有效的处理。而高校教育通常都不是封闭式管理，由于受社会环境影响，很多事是非难分、真假难辨。朋辈辅导员在面临问题的时候，都必须能够沉着冷静应对，辨析什么是对的，什么是错的，什么是应该做的，什么又不该做，在帮助求助者的时候能够为之出谋划策，并且提供很好的支持和协助。其二，有良好的沟通能力和社交能力。信任是敞开心扉的基础，而信任的产生来源于有效的沟通。只有拥有良好的沟通能力和社交能力，才能够让被沟通的一方逐渐产生信任感。信任感的存在对于朋辈互助活动的开展来说是至关重要的，只有产生了信任感才能够让被帮助的大学生毫无保留地对自己遇到的问题和困惑进行倾诉，而只有了解了问题产生的原因，才能够解决问题，所以说良好的沟通和亲密的关系是朋辈互助的基础和关键。其三，有较强的理解分析能力、准确的判断力和妥善解决问题的能力。朋辈互助之所以有效，是因为双方是一种平等的关系，互助时的气氛是较为轻松的，所以不能够用文字或者语音对互助过程进行记录，这会让求助者感到拘束和威胁，降低信任感，不利于沟通的进行。并且，人通常在遇到困难时，心态会受到影响，使表述缺少逻辑性，表现得较为混乱。因此，朋辈教育队伍的成员就需要具备以上这些能力，通过准确的分析和判断，抓住问题的关键，分析出问题的症结。在此过程中，不能够以主观视角出发，片面地对事情进行理解。通过分析清楚地掌握了存在的问题后，朋辈辅导员还需要对求助者出现的问题类型进行进一步的判断，而后对症下药，才能够使问题得到解决。

(3) 朋辈教育队伍的知识要求

高职院校开展朋辈互助活动的目的是辅助思想政治教育，这就决定了此互助活动的本质是较为严肃的，并非普通的同学之间的互助行为，除了需要有热情，还要有相当丰富的相关专业知识的储备。如果在互助过程中，朋辈辅导员缺乏专业性，可能会让求助者感到厌烦，起到反向作用，让问题越来越严重。因此，朋辈教育队伍的专业性帮助求助者走出困境，成功解决问题。朋辈辅导员所需要具备的专业性知识，主要包括了以下三个方面：其一，心理咨询知识。对求助者的心理状态进行清晰的判断，是朋辈辅导员的基本技能，所以需要其掌握基本的心理咨询知识，才能够对求助者的心理是否健康作出判断，而后结合自己的能力帮助求助者有针对性地解决问题。如果求助者的心理已经出现了较严重的疾病，则需要鼓励并协助其大胆寻求专业教师或机构的帮助，避免问题进一步恶化。其二，咨询技巧。包括倾听的技巧和询问的技巧等，这有助于帮助活动的顺利展开，进而发现问题，解决问题。其三，较强的法律意识和法律常识。大学生没有接受过专业的法律知识培训，所以有些时候对于自己的行为是否触犯了法律，并不能够清晰地进行判断，而作为朋辈辅导员，就需要具有较强的法律意识和常识，能够清晰地判断求助者的行为是否违规或违法，并针对其行为提供比较专业的建议，避免因为错误的指引，而引发更严重的后果。以上三方面的知识，对于朋辈辅导员来说，都有助于互助活动的开展，但是有时候因为多种原因的限制，一个人无法同时掌握如此多样化的专业知识，此时，可以寻求专业人才的帮助，在面对出现不同问题的求助者时，可以有针对性地调用适合的朋辈辅导员。博采众长，集思广益，才能使问题迎刃而解。

（4）朋辈教育队伍的其他素质要求

首先，必须拥有崇高的思想品德，支持党的方针策略，支持发展民主。伴随中国改革开放的进一步加深、全球化步伐的加速，以及海内外各类截然不同的思想文化观念、意识形态的互相碰撞、冲击、交融，中国大学生也受到了巨大的挑战。指导他们树立正确的人生观、意识形态，公正客观准确地理解社会现象，是高职院校思想政治教育的第一任务。所以，朋辈辅导员必须自身拥有崇高的思想品德，才能正确地引导其他大学生。其次，要具有乐于助人的品格。高职院校思想政治教育中的朋辈互助是一项思想政治教育工作，也是一种无私奉献的过程。即使是成年人在遇到难以解决的困难时都会感到无助，而大学生还没有经历过社会的洗礼，意志力相对较弱，所以当他们遇到困难时，会感到更迷茫、更无助。如果有人在这个时候对他们进行帮助，就会帮助他们建立自信心，给他们以勇气，助力他们走出困境，朋辈辅导员承担的就是这样的角色。在互助过程中，朋辈辅导员需要拥有爱心、耐心和信心，对于出现的各种问题都具有积极性，而不能够感到厌烦，才能够帮助求助者。再次，要具有高度的责任心。所谓朋辈互助，虽然是发生在好友、同学、同辈间的，却又是一种耗时间、耗精神的行为。

在这个过程中，最关键的就是要有责任感，不光要对自己的事情负责，最关键的也要对求助者负责。有了强烈的责任感，就可以让朋辈辅导员将同学的问题当成自身的课题，去思索，去研究。最后，要具有健全的人格、健康的心理素质。具体要求为：有良好的自我认知能力，能正确地看待自己并悦纳自己；能客观地看待他人，有良好的人际关系；有较强的适应能力和自我调节能力，能正确面对挫折和困难；有明确的目标和追求，并有一定的创新和开拓精神；有积极向上的健康心态，无论遇到多大的困难都能够积极、勇敢地去面对；有良好的控制能力，在困难面前不屈不挠，能够积极排解不良情绪，保持情绪稳定愉悦；有宽大的胸怀，能够接纳别人的无知与错误，体谅求助者的心情与处境，给以积极的帮助与支持。[1] 高职院校中的朋辈辅导员同样来自在校大学生，虽然他们某些方面比较优秀，但是他们与其他大学生一样，也会遇到各种需要解决的问题。所以说，只有具有健全的人格和健康的心理素质，才能够及时地解决自己的问题，并帮助求助者摆脱困境。而作为倾听者，在互助的过程中，也会接收到各种驳杂的信息，他们与大学生拥有很多共性特征，所以其他人倾诉的各种信息，也容易对他们产生影响，这时候同样需要具有良好的心理素质，才能够进行自我排解，避免自己受到影响。

3. 制定朋辈教育队伍培训制度

一旦挑选出合适的朋辈辅导员，就应当对其进行培训，使其能够具备在开展活动中所需的一些知识和技能，提高其参与的信心和动力。培训不能随意地进行，需要有相应的制度和计划，这有助于培训的顺利进行以及培训结果的甄别。

任何培训都是希望通过培训活动达到相应的目的，朋辈教育队伍培训的目的具体体现为：体现出朋辈工作的实质意义和目的；提升朋辈辅导员的整体素质，并培育其责任心和使命感；让朋辈思想政治教育工作更加规范化。具体来说，朋辈辅导员的培训主要包括态度的培训和技能的培训。

（1）朋辈教育队伍的态度培训

朋辈教育队伍的态度，指的是朋辈辅导员面对求助者的求助以及帮助求助者渡过难关、解决问题的时候，必须采取的态度或持有的观点。对朋辈辅导员进行

---

[1] 邓文锋. 高校思想政治教育中朋辈互助的研究［D］. 青岛：中国海洋大学，2012.

态度培训，主要表现为使其具有以下三个方面的认知：

第一，对自我角色需具有清晰的、正确的认知。朋辈辅导员，需要明确认知的是，自己在开展朋辈互助工作时，不再是一名普通的大学生，而是一名思想政治教育工作者。所以，应以思想政治教育工作者的标准规范自身、充实自我、提升自身，并且在工作过程中要全力帮助求助者，以其需求为自身需求。但是，在工作过程中面对求助者时，则不能够表现出说教者的态度，不能让对方感觉高高在上、地位不平等，而需要让对方感受到自己是以朋友或同学的立场在进行交谈，站在求助者的立场思考问题，甚至把问题当成是自己的事情来对待。除以上外，朋辈辅导员还需要有谦虚的心态，在互助过程中如果遇到了难以解决的问题，不能盲目自信，需要及时求助专业教师的帮助，以免因为自身失误而让问题更严重。

第二，以尊重的态度对待求助者。尊重指以平等的心态来看待对方，这也是朋辈辅导员面对求助者时的最基本要求。双方在交流的过程中，是否尊重对方，是可以通过言行表现出来的，如果对求助者不够尊重，就难以获得对方的信任，甚至会在对方心中建立不值得交往的印象。只有以尊重的态度来对待求助者，才能够获得对方的信任，而只有在信任和安全的基础上，对方才能够畅所欲言，勇敢地表达自己的想法。而如何才能让对方感觉被尊重呢？自然是对待对方时要礼遇、完全接纳，要信任、要真诚。

第三，谨记保密原则。保密是朋辈辅导员的基本素质。只有能够对求助者的隐私进行保密，才能够在交往中完全获得对方的信任，并能够让互助工作顺利开展，获得成功。保密不仅要贯彻在互助过程中，也要贯彻于互助结束后。具体来说，保密需做到以下三点：其一，对求助者的资料保密。朋辈教育队伍成员不可向与互助活动无关的人员，公开求助者的信息和隐私。其二，选择互助场所要慎重。在开展互助活动时，要慎重地选择活动场所，场所需要满足一定的保密要求，交流过程中应避免有第三人存在。其三，遇到难题求助督导员。当在互助过程中遇到了依靠自己的能力无法解决的问题时，应向督导员求助，不可与其他无关人员进行讨论。

（2）朋辈教育队伍技能培训

对朋辈辅导员的技能培训，主要包括了摄取信息的技巧和解决问题的技能。

1）摄取信息的技巧

向求助者摄取信息，需要经过倾听—询问—回应这一过程。每一个阶段都需要有相应的技巧，才能够顺利地完成沟通的过程，摄取到问题的关键信息，而后才能够有针对性地解决问题。首先是倾听。在倾听的过程中要学会思考，不能简单地听。开展朋辈互助活动时，求助者通常会先倾诉自己的情况。我们都有这样的感受，有时候在遇到事情时找一个对象进行倾诉，就能够减轻很多心理压力，这是因为在倾诉时，发泄了部分负面情绪，而包裹在倾诉信息之中的，必然有问题的关键。所以朋辈辅导员需要用心倾听，善用同理心进行换位思考，抓住对方倾诉信息中的关键，挖掘其中潜藏的含义和无法用言语表述出来的内容。在倾听话语内容的同时，观察对方的表情、语气、肢体语言等细微动作，来辅助获取信息。但需要注意的是，虽然在倾听过程中进行了思考，但是不能让对方产生不够专注的感受。过程中不要随意打断或随意总结。其次是询问的技巧。在倾听后，就需要通过询问的方式来挖掘信息，以确定自己所分析的潜在内容是否正确。而询问的过程中，不能是单项的，容易让对方产生质问感，需要有交流。询问对方时还要能清楚、正确地表达自己，让求助者相信并且接受。最后是回应技巧。朋辈互助最重要的是交流、互动，也正是因为交流和互动的存在，才能够让求助者感觉双方是平等的。在互动活动开展的过程中朋辈辅导员需要对求助者的叙述、情感等做出应有的回应，让求助者感觉朋辈辅导员在认真听、仔细记、积极参与。

2) 解决问题的技能

心理学中帮助求助者解决问题有许多非常著名的方法，比如阳性强化法、合理情绪疗法、上报转介等。对于朋辈辅导员来说，掌握这些专业的方法，可以提高自身解决问题的能力，所以需要进行相应的培训。阳性强化法，是指对求助者的正常行为进行及时奖励，漠视或淡化其异常行为的做法。比较适用于改变大学生的偏差行为、纠正经济困难的大学生自卑心理、改善一些大学生有内向怯场的心理等。美国著名心理学家埃利斯提出了情绪 ABC 理论，她认为，激发事件 A（Activating Event）不是引发不良情绪和行为后果 C（Consequence）的直接原因，导致 C 产生的直接原因是对事件 A 的错误认知和评价而产生的错误信念 B（Belief）。合理情绪疗法首先要求助者明白自己的不合理信念，意识到是自己的错误认识导致产生错误的结果，然后以理性的观点修正并放弃非理性信念，从而改善情绪或者改变自己的行为。在朋辈互助过程中如果遇到以下几种情况，朋辈辅导员应该及时上报转介：求助者求助的问题不是自己所擅长的，无法自己独立解决；求助者求助的问题正好也是自己存在的问题，容易走入误区的；求助的问题过于严重，依靠自己的力量无法解决的，或求助者存在轻生、犯罪等极端倾向的。①

4. 制定朋辈互助活动测评制度

测评制度的存在，能够有效地衡量互动活动开展的结果，并及时发现朋辈辅导员工作中的不足和优点，针对不足可以及时进行优化改善；对于优点，可以号召其他成员进行学习，进而使他们得到提升。

高职院校朋辈思想政治教育的考核，可以从参与者和教育成果两方面进行：首先，是对朋辈辅导员的考核，有自我评价和受教育者评价两种方式。自我评价即朋辈辅导员通过对自己工作中的各方面表现进行总结，找出不足之处，加以改进；受教育者评价主要以问卷的方式进行，让受教育者对活动技巧、团队合作、对受教育者的掌控能力等方面进行评价，将结果作为朋辈辅导员的部分考核标准。结合以上两方面的结果，给予一定的惩罚或奖励。其次，是对朋辈受教育者的考核，这也是对朋辈思想政治教育活动效果的考核。主要针对朋辈思想政治教育的内容和目标，考察通过朋辈思想政治教育活动，受教育者是否在知识、态度、信念、技能方面获得提升或者行为发生改变等。可在朋辈思想政治教育活动前后各考核一次，以观察成效。②

5. 制定朋辈受教育者的招募制度

朋辈互助活动的开展，需要主客体双方的存在，即需要有朋辈辅导员，也需要有受教育者，双方参与才能让活动顺利开展。与朋辈辅导员相比，受教育者的招募的难度要大很多，因为队伍成员能够就任，给人的是一种荣誉感，而受教育者则往往会让人感觉存在一些问题，所以多不愿意暴露。对此，校方需要加大宣传力度，让大学生了解有需要解决的问题并不是一件羞耻的事情。然而并非所有愿意报名的大学生都适合作为受教育者，受教育者需满足以下条件：要有接受朋辈思想政治教育的意愿；要愿意配合朋辈辅导员的活动；坚持长期参与项目或者活动；给予调查方面的配合。在此基础上，进行招募活动。虽然招募的是受教育者，但是宣传的重点部分可集中在朋辈辅导员身上。只有广泛宣传朋辈教育队

---

① 邓文锋. 高校思想政治教育中朋辈互助的研究 [D]. 青岛：中国海洋大学，2012.
② 王海燕. 高校朋辈思想政治教育理论与实践——以合肥工业大学为例 [D]. 合肥：合肥工业大学，2012.

伍，推广朋辈思想政治教育理念，才能更多地吸收受教育者的加入。

6. 提供专用款项及场地设施

高职院校所开展的朋辈互助活动，并非一种简单的学生活动，其本质是一项有组织、有计划的教育方式的改革试点工作。基于此，想要顺利开展活动，除了制度等方面的支持，还需要资金与场地设施的支持。

朋辈教育环境的建设是一项持久的工作，其主要手段是朋辈互助活动的开展，所以所有的活动都需要用长久的眼光来看待，需要定期开展，并通过实践互动的开展，不断总结经验，对不完善之处进行改善，使活动水平不断提高。而经费是活动开展的经济基础，所以校方需要设置专用的款项用于支持活动。

除了经费，朋辈互助活动还需要专用的场地设施，比如朋辈教育队伍的培训场地、固定活动的使用场地等，这也需要校方予以支持。

二、建立高职院校朋辈教育过程的评估体系

建立高职院校朋辈教育过程的评估体系，有助于教育水平的提高，对朋辈环境建设有着十分重要的意义。评估体系主要包含以下四个方面的内容：其一，评估开展朋辈教育活动的可行性，评估大学生朋辈教育主客体的状态是否可以开展朋辈教育活动，必要时提前制订活动计划；其二，必须有专业人员参与活动的规划、组织和实施，并对其效果进行评价；其三，要完善沟通机制，建立活动总结信息的定期反馈机制，确保大学生朋辈教育的顺利开展；其四，对大学生朋辈教育数据进行监测统计和分析评价，如建立大学生朋辈教育测评系统，采取自评、他评等多种形式进行评估。[①] 评估体系的建立，除了能够随时改进方式方法，还能够对朋辈辅导员的工作效果有更直观的了解。虽然朋辈辅导员的工作是公益性的，但是在工作的过程中，朋辈辅导员需要不断地提升自我能力，并花费大量的时间和精力去帮助求助者，所以必要的奖励是必要的。结合评估结果，对于工作认真负责并能够获得良好教育效果的朋辈辅导员，可以给予物质和精神两方面的奖励，以此对他们进行激励，肯定自我价值，保持工作热情，这也能够促使其他成员更加努力工作，形成良性的竞争环境。

评估体系的建立，除了以上的部分，还需要有相应的督导制度，即朋辈教育

---

① 李权，叶萍. 朋辈教育对大学生思想政治教育的促进作用研究 [J]. 黑河学刊，2021（5）：47-54.

队伍的督导员，可以选择专业的教师担任这一职位，以一对一或一对多的形式，对朋辈辅导员的工作进行监督与指导，尤其在他们遇到难以解决的问题时，对他们进行指导，以使互助活动顺利进行。且在助力于朋辈辅导员解决问题的过程中，也能够促进其工作水平的提高，让其自身获得成长。具体的督导内容如下：其一，对朋辈辅导员的工作进行督导。对于督导范围内的每一个朋辈辅导员，其目前的工作对象、工作进度等，督导员都需要有所掌握。需要及时地协助朋辈辅导员解决其难以解决的问题；定期对朋辈辅导员进行专业培训；定期召开会议，让朋辈辅导员针对工作中遇到的问题进行总结，对突出案例发起集体讨论，让其他朋辈辅导员借鉴，来提升所有成员解决问题的能力。其二，对朋辈辅导员的个人成长进行督导。每一个朋辈辅导员都倾注了大量的时间和精力，每一个朋辈辅导员的存在都是重要的，所以除了对他们的工作进行督导，还需关注他们个体的成长，关爱他们的内心，帮助他们及时倾倒出心理上的垃圾，以避免因为长期接收负面信息，而导致朋辈辅导员自身出现情绪问题，或者对互助工作失去热情与耐心。

第二节　树立正确的价值导向

一、坚持"以人为本，以学生为本"的正确理念

朋辈教育融入高职院校思想政治教育要坚持落实"以人为本"的教育理念。"关注人的发展和实现人的价值是思想政治教育的终极意义。"[①] "以人为本"的教育理念，符合当前教育思想，与当前社会发展方向相一致，更重要的是符合当前大学生主体观念加强的实际。"以人为本"就是要更加充分发挥人的主观能动性，在教育过程中对于受教育者既要引导也要尊重、关心。[②] "以人为本，以学生为本"，肯定了学生在教育中的重要地位。"以人为本、以学生为本"与现时代的教育思想相契合，符合社会发展的主流。

---

① 师曼. 意义危机的消解和价值诉求的重拾：论思想政治教育的人本维度[J]. 学校党建与思想教育，2017（2）：4-6+19.

② 关健，丁宏. 以人为本与高校大学生思想政治教育实践创新[M]. 哈尔滨：黑龙江大学出版社，2015：14.

它的进步之处在于把学生放在首位，主张新的人本思想。对于大学生朋辈教育来说，就是把学生放在首位，把学生作为教育的着眼点，承认学生个体之间是有差异的，促使学生在教育过程中的自我激励，充分发挥主体的潜能，鼓励学生根据自身的特点选择教育方法，推进学生健康全面发展。

而对于朋辈教育融入高职院校思想政治教育这一过程来说，"以人为本"指的就是需注意学生个体之间的差异性。朋辈互助活动的开展，从本质上看就是解决问题的过程，通过不停地解决求助者的问题，让求助者获得思想上的提高，同时也促进朋辈辅导员各方面素质的提升。而想要解决问题，朋辈辅导员首先需要对问题进行剖析，并通过换位思考的方式，深刻感受求助者的内心世界，这就是"以人为本、以学生为本"。

而在互助的过程中，朋辈辅导员需要引导和协助求助者寻求解决问题的方式，自己走出困境。授人以鱼不如授人以渔，直接告知对方解决方案，解决的只是当下的问题，但如果通过引导使其心态发生根本转变，就能够让求助者在过程中自我完善、自我上进，学会自己面对问题、解决问题，从而获得更好的发展。

二、坚持大学生朋辈教育活动的价值导向

价值导向即要求朋辈教育与高职院校思想政治教育的价值导向相一致，具体来说是指朋辈群体之间要去除消极的、负面的影响部分，坚持积极的、正面的导向部分。[1] 在高职院校中建设朋辈教育环境、开展朋辈教育活动，要坚持正确的价值导向。在高职院校思想政治教育中坚持正确的价值导向，是立德树人的关键。

在高职院校中建设朋辈教育环境，其目的是利用人在群体中的趋同性，让朋辈群体成员中那些正面、积极的一面，不断熏陶所有成员，让群体中全部成员的能力得到提升，提高思想问题解决效率。但是，虽然看似高职院校大学生的主要活动空间为校园，而校园中的气氛多是和谐、积极的，而实际上，影响他们的并不仅是校园环境，社会环境、网络环境等都能够对他们的思想产生影响，进而影响其行为。而全球一体化进程的加快，使我国整体社会都发生了较大的变革，传

---

[1] 颜林. 朋辈教育融入高校思想政治教育研究 [D]. 重庆：四川外国语大学，2020.

统文化和西方文化不断交流，而大学生又喜欢接受新的事物和新的思想，这使大学生的人生观和价值观呈现出多元化、功利化等特点。所以，同龄人之间交换的并不一定是有益的信息，也可能是不良的信息，所产生的影响可能是正面的也可能是负面的。各种思想观念的碰撞下，如何引导大学生坚持正确的价值导向是重中之重。

综上所述，开展大学生朋辈教育活动必须以社会主义核心价值观为指导，坚持朋辈教育活动的正面价值导向。社会主义核心价值观是高职院校思想政治教育的根本所在，坚持社会主义核心价值观对于朋辈教育融入高职院校思想政治教育的过程具有指导作用。社会主义核心价值观是精神支柱，是行动向导，对丰富人们的精神世界、建设民族精神家园具有基础性、决定性作用。[①] 是否能够在高校朋辈教育环境建设的过程中成功融入社会主义核心价值观，最重要的是所采用的方式是否能够被大学生所接受。相比较来说，比起课堂授课方式，大学生更喜欢课堂时间外所开展的各种活动，对此类活动他们会产生更强的参与感，并对其思想观念的影响程度也较深。所以以开展朋辈教育活动的方式来传播社会主义核心价值观，是一种较为有效的方式。

三、遵循大学生成长成才规律和思想政治教育规律

（一）遵循大学生成长成才规律

思想政治教育是对人思想的教育，面对的对象是人，而在朋辈教育中需要得到帮助的大学生就是主要对象，所以在过程中，就需要遵循他们的成长成才规律。准确把握他们的成长成才规律，才能够做到"以人为本"，让互助活动更有效，让朋辈教育发挥作用。遵循大学生成长成才规律是指把握具体受教育者实际的思想水平、认知水平以及自律能力，对其进行相应的教育。所以在进行朋辈教育时，就需要特别注意具体的教育方式、教育内容等，才能真正达到教育目的。

以朋辈教育中较常见的一对一帮扶形式来说，在帮扶过程中一个朋辈辅导员帮扶一个求助者，但是朋辈辅导员和求助者并不是固定的，且在活动开展的过程

---

① 张真真. 朋辈教育在高校思想政治教育中的运用研究 [D]. 北京：中国地质大学，2016.

中，可能也会因为各种原因而出现变化，例如双方因为性格等原因配合不佳，无法顺利开展活动；或求助者已经走出困境，不再需要帮扶；或者朋辈辅导员不具备解决此次问题的能力等。当这些问题出现时，就需要根据情况来解决问题，例如更换朋辈辅导员，或调整教育内容等，以使帮扶活动顺利进行下去，达成朋辈教育的目的。

（二）遵循大学生思想政治教育规律

高职朋辈教育环境的建设，实际上是一种思想政治教育环境的建设，所以也需要遵循思想政治教育规律。

思想政治教育规律的本质在于以探寻人的发展规律为基础，如何实现社会进步。具体表现为基本规律和具体规律。[①] 思想政治教育的基本规律是指思想政治教育环境、教育载体、教育方法、教育者与受教育者等要素之间基本矛盾运动的必然趋势，从思想政治教育基本矛盾来看其基本规律，也就是一定的思想品德要求与受教育者的思想品德水平之间的矛盾，思想政治教育基本规律表现在实现人的全面发展、推动社会的全面进步，这贯穿了思想政治教育的整个发展过程。[②] 思想政治教育的具体规律指教育过程中的规律，由教育过程中产生的具体矛盾所决定，在思想政治教育过程中主要有以下几对具体矛盾：教育者与思想教育客观要求之间的矛盾、教育者与受教育者之间的矛盾、思想政治教育要求与受教育者本身思想行为之间的矛盾、思想政治教育的客观要求与社会环境之间的矛盾、受教育者内在精神世界发展的需要与满足需要的方式（条件）之间的矛盾。[③]

这些思想政治教育过程中的矛盾，决定思想政治教育过程需要遵循教育要求与受教育者思想品德发展之间要保持适度张力的规律、教育与自我教育相统一的规律、协调与控制各种影响因素使之同向发挥作用的规律。[④] 遵循思想政治教育规律，明白朋辈教育的融入是为了更好地实现人的全面发展、促进社会的进步这一目标，通过对朋辈辅导员的培养，可以使其完美融合思想政治教育客观要求。在融入方式上也要注意朋辈辅导员与受教育者之间的相处与沟通，减少群体之间

---

① 颜林. 朋辈教育融入高校思想政治教育研究 [D]. 重庆：四川外国语大学，2020.
② 颜林. 朋辈教育融入高校思想政治教育研究 [D]. 重庆：四川外国语大学，2020.
③ 陈万柏，张耀灿. 思想政治教育学原理 [M]. 北京：高等教育出版社，2015：143-145.
④ 陈万柏，张耀灿. 思想政治教育学原理 [M]. 北京：高等教育出版社，2015：146-148.

因为教育内容、教育方法等可能出现的冲突或交流障碍。

第三节　提升朋辈教育平台建设

一、搭建班级朋辈教育平台

班集体是校内由校方所建立的正规群体的最小单位，是高职院校管理学生和开展教学工作的重要基础，也是高职院校与学生之间沟通和交流的最重要渠道，同时承担着表达校方诉求和表达学生需要的双重使命，而班集体建设的质量优劣又直接关系到思想政治教育的实施是否能够产生成效。由于大学生团队意识的培育、优秀品德的培养和技能的提升，最初都是在优秀班集体的氛围中进行的，所以搭建班集体的朋辈教育平台是抢占思想政治教育高地的必然需要，对朋辈教育的高效实施具有举足轻重的意义。同时在建设中也要发挥班集体领导的典型示范功能和带头作用，通过结合班集体和团支部等特色活动的举办，形成朋辈共同努力育人的良好氛围。

二、搭建朋辈互助社团平台

（一）大学生朋辈互助社团的特征

大学生朋辈互助社团也是校内社团的一种，和普通社团相比有着相同和不同点。

相同点：组建的目的基本一致，均以丰富大学生课外生活、开阔视野、丰富知识、学会更多技能、助力大学生更健康地成长等为目的。除此之外，开展活动的方式也有许多共同之处，如社会公益活动、拔河比赛等。

不同点：大学生朋辈互助社团组建立的目的性更强。普通大学生社团的组建更趋向于自娱自乐，而大学生朋辈互助社团的组建带有思想政治教育目的，是为了助力于群体内部成员思想意识的提升，使其能够学会自我教育、自我成长。大学生朋辈互助社团的组建有校方的支持，并且有督导员的监督和带领，有相应的规章制度，且群体成员除了自愿加入这一渠道，还可以由群体成员推荐，针对一些特殊教学需求而加入；普通大学生社团的组建者通常是大学生群体，成员会根据社团的性质结合自己的兴趣爱好，自愿选择并加入。大学生朋辈互助社团开展的活动有计划有目标，会结合社团内部成员的需求，制定活动方案；普通大学生社团的活动开展较为随意且不连续，每次活动的形式都可能是不同的。

（二）大学生朋辈互助社团的意义及优势

1. 体现校园文化，展示大学生精神面貌

大学生朋辈互助社团更注重对群体成员精神方面的熏陶，而校园文化是一所高职院校的精神凝缩，所以校园文化必然是大学生朋辈互助社团的精神内涵之一，大学生朋辈互助社团，是校园文化的一个展现窗口。

通过一所高职院校中大学生素质的高低，就能够体现出该所学校的整体水平。大学生朋辈互助社团的建立，可以为优秀的大学生提供一个展现自我才能的平台；通过互助活动，群体中所有成员的各项水平都会有所提高；同时，通过互助活动，也能够将群体成员的精神面貌展示出来，让外界进一步通过学生的状态了解学校。

2. 建立有组织，活动有计划

大学生朋辈互助社团的建立有校方的支持，并在组建和开展活动的过程中，都有督导员的带领，社团所开展的活动，目的是互助，因此活动有计划且有相应制度可参考。且大学生朋辈互助社团所开展的活动并非一次性、随意的活动，而是连续性的。连续性指的是朋辈辅导员会根据前一次互助活动的效果，而制订下一次活动的计划，且会随时结合群体内部成员的状态进行活动计划的调整。例如，社团刚成立时，社团内部成员之间较为生疏，此时举办的活动，是为了让大家快速熟悉起来；在大家建立了信任后，就可以开始进一步的互助，此时，需要帮扶的成员可能会因为怀疑、紧张、自我防卫等不良情绪出现阻抗，朋辈辅导员就可以通过小规模的活动抑或是沟通来消除阻抗，让团队更加和谐；经过前期和中期后，社团成员之间已经有了深厚的了解并能够彼此信任，社团环境能够给大家安全感，团队凝聚力增强，此时的活动可以向团队合作方向发展或开展更深层的交流活动，让成员敢于内视自我、深入剖析自己，进一步了解自我。

3. 针对性活动使大学生自我成长

大学生朋辈互助社团成员所遇到的一些典型问题，可以在征得本人同意的前提下，开展具有一定针对性的活动。如以情景再现的方式开展活动，以表演的方式将典型问题展现出来，可以是当事者进行表演，如果当事者没有此意愿或比较抗拒，也可以让其他成员来表演。在这样的活动中，当事者能够以旁观的角度，更清晰地对问题进行思考，也能够更客观地进行自我分析。而对于其他成员来说，则能够从此活动中获得经验，也能够有所进步。互助社团成员所受到的帮助并不仅来自朋辈辅导员或者督导员，同时还可以通过针对性活动与其他成员进行交流，互相帮扶互相进步，从而增强自我分析、解决问题的能力。

（三）大学生朋辈互助社团的建设

1. 完善大学生朋辈互助社团的组织管理工作

（1）加强对大学生朋辈互助社团的指导工作

校方委派负责人对校内大学生朋辈互助社团的工作进行指导，如果校方在朋辈互助方面已经有了相应负责人，则其更适合兼任大学生朋辈互助社团的负责人。而除总负责人之外，对于院系较多的高职院校，为了能够进行更有效的沟通，提高时效性，各院系内也可由负责朋辈互助的教师负责督导社团工作。以不同层级叠加的方式，完善大学生朋辈互助社团的组织管理工作，以确保大学生朋辈互助社团发展的正确方向及工作方法的正确性。

（2）加强大学生朋辈互助社团的制度管理工作

大学生朋辈互助社团活动的组织、开展、管理、执行、评估等都需要有一定的规章制度可依，以提高每次活动的效率性和效果。

（3）加强社团骨干朋辈辅导员的组织管理

每一个大学生朋辈互助社团都需要有一个主要组织者，如果社团人员较多，还应有相应的管理小组，这些均为社团的骨干。他们需要具备一定的领导管理能力和组织协调能力。每个岗位安排最合适的朋辈辅导员，让他们在自己的岗位上发挥最大的作用，是成功组建大学生朋辈互助社团的关键。

2. 完善大学生朋辈互助社团的活动小组建设

（1）道德法制小组建设

大学生在校期间也是大学生职业道德和法律意识产生、成长与完善的关键时期，学校通过朋辈间互助的大学生社团组织对他们开展职业道德与法制教育，能够引导大学生形成良好的道德行为，同时继承与弘扬中华民族优良的道德传统，进一步增强法律意识与法制观念，不但有利于他们身心的成长，也同时促进大学生在步入社会之后作为一名懂法律、守规矩的好市民，为社会主义和谐社会的建立作出积极努力。

道德法制小组建设的主要目标有两个：其一，提高大学生的道德修养。当前新时代所具有的开放性，打破了消息传递的时间和空间壁垒，使东西方的文化产生了冲击，西方文化中的一部分熏染了当代大学生。并且，很多大学生都生长在优渥的家庭环境中，所以也让崇尚金钱的力量、以自我为中心等成为大学生的普遍特点，这些也都通过他们的行为表现出来：多数大学生很难具有同理心，且做事喜欢我行我素。建设道德法制小组，其目的就是提高大学生的道德修养，加强社会公德、职业道德、家庭美德。其二，对大学生进行法制教育。家庭教育缺失、学校教育存在缺陷、社会物质利益横流导致现代大学生法制意识淡薄，这也是近年来大学生犯罪事件逐渐增多的原因。道德法制小组可以向大学生传输法律知识，通过带领他们了解什么行为是违法的，来提高他们的法律意识，避免日后在行为上产生偏差；同时掌握法律知识拥有了法律意识后，还可以引导他们，做法律的维护者和违法犯罪的防御者。

而空泛的理论对人的影响是有限的，特别是法律知识，对多数人来说都是枯燥的，所以道德法制小组还可以配合多样的活动，来提高大学生法律知识的学习效果。一个人的爱心和责任感是最为重要的，其能够让人以善意的眼光来看待世界，并且乐于助人，这样的人就不容易触犯法律，可以通过各种公益活动来培养大学生的此种特质，如去养老院、福利院做义工，或参加社区义务劳动等；还可以将在社会上影响较大的大学生违法事件改编成情景剧，在校园范围内演出，以娱乐的形式来引发大学生的深度思考和讨论，以人照己，从而提高大学生道德素养。而法制教育中最为重要的是普法宣传，法制小组可以通过排演情景剧、拍摄短片等形式，借助于网络渠道，向大学生普及法律知识和常识。除以上这些外，还可以组织模拟法庭、开展辩论赛、组织法律讲堂或讲座等方式，来增加大学生的法律知识。

（2）心理健康小组建设

党的十七大报告指出："加强和改进思想政治工作，注重人文关怀和心理疏导，用正确方式处理人际关系。"这是党中央第一次在重要政治报告中提到"人文关怀和心理疏导"，表明大学生的心理健康已日益引起了我国领导人的高度关注，并已日益成为高职院校思想政治教学中不可或缺的内容。

在朋辈互助社团中组建心理健康小组，可以向社团成员普及心理健康知识，让他们了解什么样的心理是健康的，而什么样的心理又是不健康的，并引导他们在发现自我心理出现问题时，学会及时求助，以避免心理问题恶化。另外，心理健康小组还能够帮助一些出现了心理问题的成员克服心理障碍，解决心理问题。而对于已经有心理问题倾向的大学生，也可以通过心理健康小组的帮助，及时进行干预，预防心理危机的产生。

心理健康小组可以以个体辅导、团体辅导以及开展大型心理健康宣传等方式组织小组活动。个体辅导针对的是单个学生，可以在固定位置开设心理咨询室，给有困惑的同学一个明确的求助方向，通过专业的帮助，让同学早日走出思想困惑，并完成对事物的正确认识，实现自我成长。团体辅导针对的是某个群体内的同学，可以以小型交流活动或讲座等方式进行。大型心理健康宣传活动，即开展影响面较大的活动，进行心理健康知识的宣传，方式较多样，如设立心理健康活动日、开展征文大赛、建立成长小组等，提高大学生对心理健康的正确认识。

（3）专业才能小组

大学生朋辈互助社团专业才能小组与普通大学生社团组建的各种兴趣小组有些相似，都是专门针对大学生自身兴趣、专长、志向而设立的，能够培养、提高他们在某些领域的一技之长，从而增强其综合素养，提高他们应对社会活动的技能。但专业才能小组成立的目标并不仅仅在于培养他们的一技之长，使大学生自身在竞争激烈的市场上多了一份竞争，最关键的是专业才能小组还可以协同道德法制小组和心理健康小组，共同开展各类社团活动。例如，如果心理组的某同学不善言辞，不善社交，那么心理小组可推荐该同学加入其感兴趣的专业小组，用其感兴趣的事情为其打开情绪的口子，通过与同组其他成员的交往，逐渐提高其社交能力。

（4）休闲娱乐小组

人的精神对人的整体状态的影响是重大的，参与休闲娱乐活动，能够使人身心放松，在朋辈互助社团下组建休闲娱乐小组，可以让大学生学会放松。与其他类似社团不同，小组内的成员大都来自互助社团，所以相同的大环境所具有的亲切感和信任感，会让人感觉更轻松，同时，也能够为社团成员提供一个进一步加深认识的平台，扩大社交圈，提高大学生的交往能力。

三、搭建楼栋朋辈互助平台

楼栋朋辈互助的开展单位是每一栋宿舍楼，朋辈辅导员所面对的帮扶群体为该宿舍楼内的所有大学生。

（一）楼栋朋辈互助的优势

宿舍是大学生在校园中的"家"，是多数大学生停留最久的场所，且新时代的大学生都喜欢布置自己的宿舍，通过各种个性化的布置，让他们对宿舍产生了归属感和安全感。朋辈互助想要发挥最大的效果，就需要涵盖大学生生活和学习中的各种环境。学习场所适合的互助活动十分有限，生活场所中的食堂则较为嘈杂，不利于深度心理活动的探索，而宿舍是不同的，它对大学生来说是安全的、可靠的且相对安静的场所。因此，以宿舍楼为单位进行朋辈互助，不仅可以将朋辈互助活动的对象最大化，而且也是开展朋辈互助最方便、最有效的途径。

（二）楼栋朋辈互助的主要组织形式

1. 板报宣传

大部分高职学校都会在各幢宿舍楼的入口处设置海报宣传栏，用于发布通知、普及知识以及发布活动海报等。可以将此宣传栏利用起来，发布朋辈教育队伍的招募信息、活动通知等信息，还可以将一些法律常识、心理健康知识、求助方法等放在这里，让大学生在进出宿舍楼的时间内，就可以学习到相关知识和掌握相关信息。

2. 热心大姐（哥）温暖小屋

可以在各幢宿舍楼最便于大家到达和看到的位置设置一个"热心大姐（哥）温暖小屋"，如中间楼层、楼梯口对面的房间。大哥大姐指的是朋辈辅导员，热心指的是朋辈辅导员通过热情、亲切、诚恳的态度，对求助者进行帮扶，使他们能够早日走出心理困境；温暖指的是通过帮扶活动的开展，求助者能够通过朋辈辅导员的言行感受到关怀和温暖。

3. 热线电话服务

温暖小屋是实际存在的空间，有些有困扰的学生可能无法克服自我心理障碍走进去，所以以热线电话进行服务也是一种较好的帮扶渠道。其可以设置在温暖小屋中，安排人轮流值守，对于不愿现身的求助者，这是一个建立信任的渠道，通过沟通，其后期可能就会愿意与互助员发生实际接触。除此之外，夜晚是人比较脆弱的时候，情绪容易放大，如果学生在此时间段需要求助，也可以借助热线进行。虽然只是一个小小的热线，却能够随时帮助互助员解决求助者的问题。

四、搭建朋辈互助网络平台

当前的时代是网络的时代，网络普遍存在于城市的各个角落中，它能够为人们提供便利；且人们在网络上交流时，可以不透露自己的信息，让人拥有安全感，同时还可以勇敢地表达自己的想法。所以建设网络平台对于朋辈互助来说，是十分必要的，它也是前两种互助平台的有效补充，能够让互助范围变得更广泛。

（一）网络平台的优势

网络能够为人们提供便捷的沟通方式，且还拥有强大的存储量，能够为人们提供海量的知识。借助于一些社交软件，人们可以进行实时互动，所以也深受青年大学生们的喜爱。搭建网络平台进行朋辈互助，具有许多其他平台所不具备的优势。

1. 信息可隐匿

在互联网中，如果人们不想公开自己的信息和联系方式，正常渠道下对方是无法获取的。所以，在互助过程中，求助者无须感到拘束，也可以省去寒暄等过程，能够对自己的困惑畅所欲言，有利于沟通时效的缩短和效率的提高。对于朋辈辅导员来说，可以不再限于一对一的帮扶，而是一个小组共同开展帮扶活动，当面对以一个人的力量难以解决的问题时，能够通过与其他互助员进行交流而拓宽思维，获得解决途径。

2. 资源共享

校方可以建设一个朋辈互助网站，一些目前在大学生群体中较为普遍的问题以及相应的解决方法可以放在网站上，让大学生浏览，对于遇到相同问题的大学生，就可以学着自我解决。这不仅可以减轻朋辈辅导员的工作负担，还可以提高大学生自我解决问题的能力。

3. 强大的存储功能

利用网络存储系统，我们可以实现大量数据的存储。对于朋辈互助活动过程，以及所产生的各类资料，都可以存储到网络上，以便于记录与查询。

（二）网络平台的建设

1. 板块及功能设置

朋辈互助网站的主要使用者是大学生，所以其设计是非常重要的，要符合新时代大学生的共性审美和心理需求，否则可能会降低大学生的浏览兴致。除此之外，从功能性需求角度来考虑，其板块的设置至少要包含聊天板块、论坛板块、专业问答板块以及知识普及板块四大板块。

聊天板块的作用与社交软件类似，该板块可以设置一个固定的服务时间，在该时间段内安排朋辈辅导员驻守，当遇到求助者寻求帮助时，可以进行实时沟通，以最快的速度和最便捷的渠道，帮助求助者。对不希望公开自己问题供大家进行讨论的大学生，以聊天板块寻求帮助，是较为适合的方式。

论坛板块的作用与其他网站是类似的，大学生可以在其中畅所欲言，发表自己的看法，朋辈辅导员可以借助论坛引发大家的思考和讨论。当大学生遇到问题时，也可以在论坛中发布求助，浏览网站的大学生可以对其进行集体讨论，朋辈辅导员也可给予具有针对性的意见和建议，让大家了解怎么去解决问题，怎样做是最正确的。

专业问答板块是主要通过学生提问朋辈辅导员给出专业答复进行交流的一个板块。当学生不愿意在论坛公开自己的问题，且在论坛上又找寻不到解决方式，而求助时又在朋辈辅导员的服务时间段外时，就可以利用专业问答板块进行求助。朋辈辅导员所给出的答复也不能是随意的，要具有一定的专业性，如果遇到自己能力范围外的问题，可以向督导员求助，或与其他朋辈辅导员进行交流。

知识普及板块主要用于各类与思想道德教育有关知识的宣传，可以普及一些法律常识，列举一系列道德案例，并可以提供缓解压力的方法、增加信心的方法、人际交往技巧、克服害羞心理的技巧等知识，甚至可以把专业的心理自救的方法展示在知识普及栏中，增加大学生自学自救的机会。

2. 配备专职网络朋辈辅导员及网络维护人员

为了保证网络平台互助的时效性和有效性，网站需要有专职的网络朋辈辅导员驻守，以便于及时回复求助者，帮助他们解决问题；并且还需要随时关注论坛的各个板块，掌控论坛整体的讨论方向，并定期更换各板块的内容。

在我们使用网络的同时，还需要避免遭受到病毒的攻击，另外，网络的使用有很多不可控因素，如果出现问题需要及时进行解决，这都需要专业的网络维护人员来操作，所以其存在是必要的。

3. 加大宣传力度，鼓励学生利用网络服务

一个好的网站之所以能够吸引足够多的流量，除了因为它的建设能满足多数人的需求，还要依靠大力宣传，让学生了解网站的功能，知道它能切实为广大学生服务。

第四节　树立朋辈群体典型

一、朋辈群体典型教育的内涵

（一）群体典型教育的内涵

"典型"一词古已有之，既是模范和典型之意，也泛指具有典型的人或事物。典型分为正面典型和负面典型，我们这里说的典型指的是前者，也就是群体中的榜样。榜样教育思想在我国历史上由来已久，有关榜样思想及其典型行为在史学人文古籍中亦有相当丰富的记述。不过，人们对于榜样真正含义的认识在各个时代有着不同的理解。榜样最常用的释义：一是值得学习的人或事物，二是典型楷模、模样、样子。从古至今，榜样由物成人，是人类效仿和认真学习的对象，它的作用相当于镜子和标尺，人类可以通过与榜样人物行为的比较来看到自己与榜样之间的差异，在观察和模仿中按照榜样的言行标准来改善或矫正自身的言谈举止。榜样是"可以认真学习的好人或好事"，是"最杰出或最富有标志性的人或事"。

笔者认为，榜样是指在特定发展阶段或特定社会发展时期，人们的社会价值观念与道德规范的承载体，其内涵精神实质及其外延的实际行为对人具有推动、指导的功能，榜样教学正是根据示范这种基本观念而进行的教学。进一步说，榜样一般是指有真善美的道德品质者，给人起了榜样、引领意义的积极典范。榜样教育是指教育者利用榜样精神启发和诱导受教育者，促使受教育者自发地把榜样精神内化成精神品格，并外化成行为习惯的一项教育活动。

(二) 朋辈群体典型教育的内涵

所谓朋辈群体典型也就是朋辈人群中的榜样，即是指在年纪相近、身份地位相似，而且趣味、喜好、人生观和行动模式都比较相近的人群中，被模仿或被学习的楷模。在高职院校中，朋辈榜样包括杰出的校友、优秀大学生、优秀学生党员或某一方面的出色者。

朋辈榜样都具有先进性、代表性和示范性，他们的言行能感染带动周围人，激发大学生的学习热情。朋辈间的价值观、道德品质、兴趣爱好在得到认可的同时，也很容易成为模仿、学习的对象，朋辈群体间的带动、促进作用，能有效地推动大学生共同成长。相较于传统榜样教育，朋辈榜样的示范与引导更加"接地气"，其独特之处体现在三个方面：其一，高职院校中的朋辈榜样来源于大学生群体内部，更容易被大学生个体接受，让他们认识到，只要努力，就能树立朋辈榜样所具有的价值观、成就等。其二，朋辈榜样不是仅仅局限于某一类型或某种价值体系，而是从大学生自身需要入手，针对他们的年龄、专业、学历、性格、趣味、喜好等特征，满足他们的个性需求，由此更容易被大学生群体所接受、所认同。其三，由于同龄人彼此生长的年龄、生活学习的环境也大多一样，所以在沟通和交往等方面并不会产生阻碍。朋辈榜样所特有的平等性，可以引发大学生的兴趣，易获得较好的学习效果。

二、大学生朋辈群体典型教育的内涵、特征与要求

(一) 大学生群体典型教育的内涵

大学生群体典型教育即大学生朋辈榜样教育，指由于教育者和受教育者之间有着相似的年龄、经验、价值观及困惑，容易给予其相应的关注和引导，用同龄人的生活经历和体会引导同龄人，从而最终实现共同进步、共同成长的创新型教育活动。大学生朋辈榜样教育具有其他教育所没有的优势，大学生朋辈榜样便于在日常学习和生活中给予身边的同学、朋友适当的关怀以及指导，用同龄人的经验带领同龄人。

大学生朋辈榜样教育是高职院校思想政治教育的一个重要方面，也是开展思想政治教育活动的主要途径与措施。具体来讲，大学生朋辈榜样教育在教育主体上，既可以个人选择，又可以自觉形成；在教育方式上，既有显性教育，

也包括隐性教育。大学生朋辈榜样教育主要是以一种"润物细无声"的形态出现在大学生之中。由学生参与选立的在各方面表现优秀的大学生作为朋辈榜样，利用其先进性、代表性和示范性，即可带动朋辈人群中的其他人，通过培养朋辈榜样并主动地协助他人解决问题和迷茫，从而形成共同进步、成长成才的教育模式。

（二）大学生朋辈典型教育的特征

1. 范围的广泛性

大学生朋辈榜样教育有明显的广泛性特征。首先，大学生朋辈榜样教育作为高职院校思想政治教育的一个重要教育活动，在高职院校课堂教学中具有较大发展空间，同时又作为大学生自我教育的一种手段，还可以在日常生活中随时随地开展教育，覆盖到大学生生活学习的方方面面。大学生朋辈榜样教育最开始被使用在朋辈情感与心理的交流，但现在已经有很多学校发现朋辈榜样教育的突出成效，将朋辈榜样教育逐渐用于其他领域。也就是说，大学生朋辈榜样教育除了可以应用于传统课堂教育，也可以应用在心理辅导或自我教育领域。另外，大学生朋辈榜样教育的广泛性还体现在不受教育时间和教育空间的制约。目前我国高职院校教学的主要形式仍然是课堂教学，但课堂上的教学内容有限，且多为理论知识，很难渗入新时代大学生生活之中。传统课堂教学中，教育者传授知识、受教育者学习知识局限于工作日的工作时间，而大学生朋辈榜样教育教育活动的时间和空间不受制约，教育主体也能不分时间地点对受教育者进行教导。朋辈群体间交往活动、交流活动比较频繁，能及时发现问题并给出解决问题的对策，可以根据大学生的实际需要开展教育，这就反映出大学生朋辈榜样教育范围的广泛性，从而促进高职院校思想政治教育由传统课堂教学向其他方面拓展，可以极大地弥补高职院校思想政治教育的缺陷。

2. 方法的渗透性

苏霍姆林斯基认为通过隐藏教育意图，隐秘地进行教导是对教育艺术的最高要求，越看不到的教育内容越易于被人接纳，因而可以更好地转化为教育客体的内心需要。从教育效果上来看，大学生朋辈榜样教育往往具有一些渗透性的特征，对于教育内容的内化与外化有着积极影响。怎样证明教育可以取得成功，一项非常关键的评价因素，就是看受教育者对于教育内容的接受程度与自我内化程度。只有大学生真正意识到哪些观念是正确的，哪些行为可以学习，什么错误必须摒弃，才能落实好内化于心这一环节，进而推动外化于行的实现。大学生之间年龄的相似性、所处环境的相似性、个人经验的统一性以及社会环境对其价值取向产生影响的必然性，使朋辈相互之间在兴趣爱好、社会交往、价值理念等诸多方面具有高度的一致性。因此，朋辈之间的教育，特别是大学生朋辈榜样教育，就是通过朋辈之间的日常言行相互渗透、相互影响，从而打破传统课堂教学在时间、空间上的壁垒，在润物无声中对大学生进行熏陶、感染和教育，进而使思想政治教育的作用更加突出、持久和深远。

3. 参与者的主动性

我国传统"填鸭式"教育往往特别强调师生之间教育的单方面性，将教育主体与教育客体对立起来，这种传统的教育观念通常达不到预期教育效果，更无法适应新时代的要求，需要对其进行革新。新时代的大学生主体意识日益提高，个性更加明显，不愿意被灌输和强加，选立朋辈榜样需要大学生的主动参与，才能够发挥朋辈榜样的示范作用，不然开展的教育活动就缺乏实际意义，流于形式。大学生朋辈榜样教育认为教育者和受教育者均为平等的同学伙伴关系，没有传统的师生隔阂，且教育者与受教育者同处于一个生活空间之中，日常活动交往比较密切，能够在第一时间发现问题解决问题，学生能够实现从自我认识到自我判断再到自我发展的最后一个阶段。只有通过充分调动学生的主观能动性，才能推动教育者进行教育观点上的变革，即从过去的"你要我怎么样"过渡到"我应该怎么样"。大学生朋辈榜样教育更容易被接纳的原因，在于朋辈榜样教育认为学生应在教育活动中居于主体地位，学生的主体地位与创新能力可以从中得以调动和发挥，进一步拓展学生的主体思维。在朋辈榜样教育中，每位学生都是教育的主体，教育过程中教育双方无时无刻不在交流，朋辈群体间利用交流共享经验，在帮助别人中获得成长。这就使朋辈群体间独立进行教育活动，通过与朋辈之间的交往活动来发展自我，从而提高自身整体素养。

（三）大学生朋辈典型教育的要求

大学生朋辈榜样教育要与时俱进，适时更新教育理念和手段。随着我国社会各领域进一步发展，高职院校思想政治工作需进行适当的调整，朋辈榜样教育也要在充分尊重社会发展要求与大学生身心特征的情况下，对教育观念、教育途径进行相应的改变。首先，大学生朋辈榜样教育必须与我国主流价值观念相呼应，发挥朋辈榜样对新时代大学生价值理念的指导带动作用。榜样是社会主义核心价值观的生动体现，大学生朋辈榜样为广大青年学生认识和学习社会主义核心价值观搭建了桥梁，有助于大学生自觉践行社会主义核心价值观，提升自我素质，成为国家需要的优秀人才。再次，随着信息化日益渗透到社会生活的方方面面，互联网、新媒体、大数据等新鲜事物充斥在社会各个领域，大学生群体中也渐渐形成了以微信、微博、微视频等为代表的"微文化"，给大学生的生活和学习既带来积极因素也产生消极因素。这就要求我们积极有效地根据网络时代的最新变革，根据学生个性化需要，将新事物融入大学生思想政治工作之中，构建全方位、多角度、立体式的教育结构，对高职院校思想政治工作全面优化。

大学生朋辈榜样教育应遵循学生成长规律，尊重学生个体差异。遵循学生成长规律即掌握具体教学对象实际的思维水平、理解水平和自律能力，对学生实施适当的教学。每个大学生都是独一无二的，尽管朋辈群体在年龄、成长环境等方面存在一定的相似性，但每个大学生仍有自身的独特性，不可一概而论。简单而言，大学生自身发展受到客观社会环境等多种因素影响，也正是由于大学生发展规律的复杂性，我们在开展朋辈榜样教育时应因材施教，注意教育方式方法，只有这样，才能真正在尊重大学生个性特征的基础上达到预期的教育目的。由于朋辈榜样与受教育者双方会随着时间不断变化，相应的教育环节也会发生改变，比如受教育者经过一段时期的培育已经不再需要朋辈榜样的引领，或者教育者与受教育者两者之间的相处关系不协调需要更换，又或者随着时间推移有些朋辈榜样自身不能再胜任这项工作等，高职院校需要在尊重学生成长规律的基础上随时对朋辈榜样教育的各个环节进行调整，这样才能保证教育效果的真正实现。

大学生朋辈榜样教育还要遵循平等尊重原则，在平等交流中答疑解惑。朋辈榜样教育的优势在于贴近，在平等的关系中做好双向沟通，可以增加双方的理解认识。如果不能坚持平等尊重原则，会造成朋辈榜样教育者和受教育者的交流不畅，无法取得显著成效。高职院校需要时刻谨记教育主体与教育客体之间的关系趋于平等，在朋辈榜样教育开展的过程中切忌高高在上、站在道德制高点以平等交流的名义批评他人，在交往的过程中也要抛弃心理、品德和言行上的个人优越感。由于任何个人都存在着被认识、被接受、被认可的需要，所以进行朋辈榜样教育的第一步就是了解和倾听，但如果没有在此过程中表现出平等和相互尊重的心态,就很难让受助者敞开心扉,传达内心的观点;特别是长期受到社会问题影响的求助者,更需要别人的正确对待和认可。可以说平等尊重原则是大学生朋辈榜样教育的基本准则,能够增进受助者的信心,帮助受助者解决问题,从而达到朋辈榜样教育共同进步的目的。

三、加强大学生朋辈典型教育的意义

(一) 有利于促进自我教育,更好发挥大学生自身主体作用

正确价值观的形成离不开大学这个关键阶段,新时代高职院校的大学生所面临的社会内外部环境的压力越来越大,在学习、生活上也往往存在着各种困难,因此需要身边同龄榜样给予正确引导,以克服个人在成长的历程中所出现的困难与问题,有助于他们成功度过大学时代。

首先,大学生朋辈榜样教育有助于大学生自觉进行自我教育。在全球化大背景下,世界各种文明遭受巨大冲击、现代科学技术快速发展以及新兴媒介广泛应用,时代的变革正不断撞击着大学生的思维与心灵并影响着大学生的行动。朋辈榜样来源于优秀的青年学子,朋辈榜样具有与广大青年年龄相近、经验相似的特点,能够为大学生的生活学习提供各个方面的有益指导。大学生朋辈榜样教育具有群体性的特征,可以引领学生顺应时代和社会发展需求,自觉与朋辈群体加以对照,找到自身与朋辈榜样的不同,找到自己的不足,找到与社会需要的差距,实现自身价值,促进个人全面发展。

其次,通过大学生朋辈榜样教育帮助他们形成良好的社会价值观念。新时代的大学生需要通过朋辈榜样教育在自身发展历程中予以引导,而朋辈榜样教育的意义,早就曾经在公共卫生、教育、心理咨询等方面获得了验证。大学时代是良好道德修养与为人处世态度养成的关键时期,在人生关键期选择什么样的思想观点对大学生进行教育是至关重要的。面对日益复杂的社会环境,大学生需要朋辈榜样的示范与指导,一方面能够帮助大学生正确处理好自身从未遇到过的困境与问题,另一方面不仅可以帮助大学生成功度过大学这一人生关键阶段,还能为未来进入社会工作打下坚实基础、做好积极准备。高职院校开展大学生朋辈榜样教育,不但可以促进大学生树立正确价值观念,同时也有利于大学生迈向成熟期,为实现自我发展和全面成才打下良好基础。

再次,大学生朋辈榜样教育有助于大学生的全面发展。高职院校开展朋辈榜

样教育活动，通过选择学校中的先进典型，开展宣讲、学习活动，形成榜样示范引导、比学赶超的良好校园环境和氛围。朋辈群体之间可以通过这些教育活动加以对照，切实认识到自己的认知水平、思维水平处于什么高度，以人之长补己之短，更好地发挥大学生自身主体作用。大学生的全面发展离不开和谐健康、积极向上的社会大环境，要充分调动一切积极因素，协调学校、家庭和社会的多方面力量有效实现。

（二）有利于增强思想政治教育实效性，提升高职院校育人质量

大学生朋辈榜样教育主要采用生动逼真的朋辈榜样形象、生动感人的朋辈榜样事迹去影响大学生，榜样的行为能够给大学生群体提供强烈的学习和模仿兴趣，从而引发广大学生的情感共振，增强朋辈榜样在朋辈群体中的社会影响力与感染力，让大学生在共同的求学生活中受到影响。大学生朋辈榜样教育是高职院校思想政治教育途径的延伸，新时代高职院校思想政治教育的开展离不开朋辈榜样教育这一创新方法。

首先，大学生朋辈榜样教育有利于创新高职院校思想政治教育工作模式。放眼整个教育界，通常来说学生是作为教育客体而存在的，教育主体则是对教育客体有着可控性影响的教育者。新时代产生了诸多新变化，从前的教育方式和教育观念都已无法适应新要求，大学生朋辈榜样教育兼具理论性与实践性，在更新高职院校朋辈榜样教育工作模式等方面具有重要的指示性作用。朋辈榜样教育实际上是从"主体对客体的教育"向"主体间教育"的过渡，使大学生在朋辈榜样教育活动中充当了多种身份，既是客体，又能在适当的社会环境中担任教育主体，在完善自我教育的基础上，创新高职院校思想政治工作的新路径和新模式。

其次，大学生朋辈榜样教育有利于补充高职院校思想政治工作队伍的不足。近年来国家和社会对思想政治工作，特别是高职院校思想政治工作的关注度日益提升，高职院校思想政治工作的人力不足问题越来越突出，主要表现为高职院校辅导员除了学生思想政治教育工作还担负着其他工作，在客观上必然会缩短和分散辅导员投身学生思想政治教育工作的时间和精力。随着新时代大学生的个性化意识和自主观念的增强，大学生容易对辅导员的管理形成排斥不顺从的心理，甚至会发展为逆反心理。相较来说，思想观念、生活环境相似的朋辈群体更利于相互了解与指导，淡化教育的间接性和灌输性。大学生朋辈榜样教育需要在不断探索中培养朋辈榜样担当高职院校思想政治教育队伍的后备力量，学校需要在宏观

上对朋辈榜样的行为加以引导，这样就能构建一个全方位、多角度、立体式的大学生朋辈榜样教育结构，补充思想政治工作队伍的不足。

再次，大学生朋辈榜样教育有利于增强高职院校思想政治工作效果。大学生朋辈榜样教育的接受度较高，具有较强的说服力和影响度，且绝大多数大学生都住在学校里过着集体生活，与朋友、同学等朝夕相处的时间也大大超过了与家长、教师等交流的时间。根据社会学习理论，大学生年龄与生长环境的相似性，使大学生具有青年人独特的价值观念，他们奋发向上、无畏前进、思维丰富多样，而独生子女的相似家庭背景使大学生又具有了极为相似的经历。因此，种种特征表明大学生容易受朋辈榜样的影响，开展朋辈榜样教育，这种润物细无声的教育所取得的成效，远比书本知识的枯燥传授更加深远。

（三）有利于发挥朋辈榜样示范作用，形成见贤思齐的社会风气

大学生朋辈榜样教育是深入开展大学生思想政治教育活动的一种方式，通过进行大学生同龄朋辈的榜样教学，既能够提升大学生自我素质和思想道德素质，又能够对整个社会氛围的净化起到积极影响，使整个社会形成见贤思齐、择善为从的良好风气。

首先，有利于抵御不良意识形态的冲击。当今世界的发展与变化的速度前所未有，复杂的全球环境向人们提出了全新的问题和挑战，不良社会思潮的大肆传播，让更多的人形成了重物质、轻精神的消极观念，还企图降低中华民族的凝聚力。这些消极思想蔓延到高职院校之中，对青年学生价值观念造成了巨大冲击，榜样教育正是解决此种挑战的有力武器。

其次，有利于社会整体风气的改善。习近平总书记强调，青年是引风气之先的社会力量。要实现全面建设社会主义现代化国家的目标，就必须要求人们顺应时代发展，强化思想政治觉悟，特别是青年人必须具备崇高的思想道德精神，社会主义才能实现真正意义上的全面发展。形成见贤思齐的良好社会风气，榜样的作用不能忽视。大学生朋辈榜样教育通过先进的理念、先进的行为，把朋辈榜样文化自身感染力和号召力的积极作用，渗透到社会主义核心价值观当中，引导广大学生自觉地学习社会主义核心价值观，积极改造必然生活，提高精神风貌，激励广大青年学生齐心协力共同抵御社会中的不正之风，从而促进激励先进、见贤思齐的良好社会风气的产生。

四、大学生朋辈典型教育的实施策略

大学生朋辈榜样教育总是以"润物细无声"的形态出现，符合新时代大学生的心理发展特征，能够充分发挥朋辈榜样的强大感染力，又能丰富高职院校思想政治教育的具体内容，引导广大学生自觉学习朋辈榜样，在生活中潜移默化地接受朋辈榜样教育。但在多元文化融合和冲突的背景下，大学生朋辈榜样教育的问题日益突出，给高职院校思想政治工作带来了挑战。只有解决好大学生朋辈榜样教育存在的问题，才能充分发挥朋辈榜样的示范效应，增强高职院校思想政治教育的实效性。

（一）改进大学生朋辈典型的选立标准

选立朋辈典型是开展大学生朋辈典型教育的首要步骤，朋辈典型的选立过程大学生是否主动参与，选立的榜样是否具有先进性、时代性、多样性和生活性，能否满足新时代大学生的实际需要，对于大学生朋辈典型教育的开展具有重要意义。

1. 民主选拔大学生朋辈榜样

民主选拔朋辈榜样即让大学生自己选拔朋辈榜样，这样的选拔方式可以让大学生更具有参与感，且在参与选拔的过程中，可以更全面、更深刻地了解各个参选榜样的先进性和精神内涵，带动他们向榜样学习。由于新时代大学生的主体意识日益提高，而且特点越来越明显，他们对自己的选拔目标有自己的决定权，不愿意被"强加"，并且根据学校所"强加"推荐的目标而消极地去模仿、学习，既不能真正激起他们的学习积极性，而且往往也达不到好的成效。所以，在评选大学生朋辈榜样时要重视大学生自身的主体作用，加强评选的民主性，贯彻群众性准则，评选出来的朋辈楷模应便于大学生接触，能够起到典型的正面教育效果，不然典型的选拔就会流于形态，没有实际意义。

因此，在选拔朋辈榜样时，高职院校需要改变过去那种直接由校方决定的方式，而主要注重大学生的民主性，对选拔过程主要负责做好监督，而不是直接进行干预，这样最终选出的榜样才是大学生群体所信任的、符合群体自身发展需要的榜样。

通过民主选拔的方式，让大学生可以产生自己能够为自己做主的思想感受，使其加强对学校的归属感，并能够提高学习朋辈榜样的积极性和主动性。有利于无形中营造良好的朋辈榜样学习氛围，促进朋辈榜样学习。

2. 明确朋辈榜样选立的先进性

不论是以往的榜样教育，抑或新时代大学生的朋辈榜样教育，所选立的典型人物都应该具备前瞻性和引领力，而大学生朋辈榜样的前瞻性也是朋辈榜样制度最关键的一个特点。大学生朋辈榜样是新时代大学生群体中的优秀代表，本身就具备了很好的示范性和引领力，可以在广大青年大学生中起到很大的榜样引领作用。但目前，综合考虑中国大学生所选立的个别朋辈榜样，已经随着时代的发展不再具备学生榜样应有的前瞻性和引领作用，所以，为了发展新时期中国大学生朋辈榜样的行为，并提高朋辈榜样的选立要求，首先就应该明确朋辈榜样的前瞻性。通过选拔产生在学术、道德品质、志愿服务精神等领域中的先进个人或先进团队，选立产生先进性和示范性的大学生或朋辈楷模，充分发挥朋辈榜样的示范作用，引导大学生不断优化自身行为习惯，给予大学生学习、生活各方面的指导。从古至今，榜样的前瞻性和指引性才是楷模产生的价值根本，正因为朋辈楷模的先进性和示范性，广大青年大学生才能在教育活动中认识到自己与榜样的差距，不断追随身边的榜样，将其作为自己的奋斗目标，并为了达到目标而努力。

3. 坚持朋辈典型选立的时代性

时代性是榜样类人物的鲜明特征，榜样的精神内涵会随着社会环境和时代主题的变化产生相应的变化。同时，不同时代人们对于榜样的选择也会有所不同，朋辈榜样也是如此。当前要在社会主义现代化建设的时代背景下，树立符合时代精神的朋辈榜样。

高职院校在开展大学生朋辈榜样教育时，也要适应信息时代的发展，做到与时代发展同步，选立富有时代发展特点的朋辈榜样。其一，朋辈榜样的选立要适应经济社会发展的要求。榜样人物对于优化社会风气和促进经济与社会发展都有着重要意义，但如果学校只是选取过去时期的人物形象向学生加以介绍，则很容易造成学生的厌倦心态，不利于提升学生学习的积极性。所以，朋辈榜样的选立要以时代精神特点为依据，选立富有新时代精神和光辉的朋辈楷模，这既合乎社会主流价值标准，又适应社会发展的需要。其二，朋辈榜样的选立要契合大学生个体的价值追求。朋辈榜样具有吸引力，能提升朋辈榜样的示范作用与引导作用。如果高职院校推选的朋辈榜样大同小异，就没有存在的意义了。所以说新时代朋辈榜样教育应该站在时代的至高点，在社会主义现代化建设的时代背景下，选立富有时代精神的朋辈榜样,而不仅仅局限于校园内的榜样人物。凡是客观地展现朋辈榜样的真实样貌,充分地展现新时代价值内涵,让大学生觉得可亲、可信的朋辈榜样,都是值得大学生学习的榜样。

4. 强化朋辈榜样选立的多样性

新时代是一个开放性、互动性更强的时期,多元化的价值取向使得大学生个性迥异,更强调按照个人的兴趣、审美习惯等现实需要来选朋辈榜样。朋辈榜样的类型也日趋多元化,有道德标兵、政商精英,也有社会草根人物、娱乐偶像等,单纯的朋辈榜样形象并无法被一般人们的心理接受。通过观察学习理论我们可以看出,接触越有多样性的朋辈榜样,就越能够让大学生富有创造性,而朋辈榜样越多元,他们也越有机会综合各种榜样的优点进行创新发展。所以,高校应该对大学生进行更多元的典型示范,以培育和增强他们的创新能力,并推动他们更好地成长。

另外,由于当代大学生普遍受到多样化思维的困扰,对朋辈榜样的选择也呈现了多样性的特征。而单纯的朋辈榜样形式,并不能适应当代大学生多元化的社会认知需求,也无法让他们在心理上普遍接受,所以大学就应该培养各种形式、各个层面的朋辈榜样,从而实现对朋辈榜样的多元化,使大学生可以按照自身的兴趣和现实需要选取自己心仪的、自己所钦佩的朋辈榜样进行模仿。由他们主动挑选自己的学习对象,可以调动他们的学习兴趣与热情。所以,高职院校朋辈榜样是否具备广泛性,也成为影响朋辈榜样培养效果的一项关键因素。

在选拔朋辈榜样时,可以从以下几方面着手,使榜样更加多样化:其一,需针对新时代大学生自身的特点、学习需要的差异,选择并培养各种各样的朋辈榜样,以提高大学生朋辈榜样的广泛性与层次性。通过树立各种朋辈榜样,对当代大学生起到不同的导向作用,以适应当代大学生的各种学习需要,从而鼓励全体大学生成长成才。其二,在抗疫志愿者、奥运健儿以及具有正能量的公众人物中选择朋辈榜样,既能够充分发挥公众人物的榜样辐射引导作用,又能最大限度地吸引大学生向朋辈榜样学习的兴趣。

唯有如此,树立的朋辈榜样才能涉及学习和日常生活中的方方面面,尽可能地适应不同学生对朋辈榜样人物形象的要求,让选拔的榜样更具有亲切感。大学生对朋辈榜样的生活背景、个人经历等相关方面有更清晰的了解,有助于大学生自觉向朋辈榜样看齐,学习朋辈榜样。

5. 增强朋辈典型选立的生活性

朋辈榜样是真实存在于现实生活中的，朋辈榜样的选立标准要体现真实性与生活性，帮助大学生正确理解朋辈榜样的精神实质，相信朋辈榜样是真实存在的并自觉地向朋辈榜样学习。若选立的朋辈榜样缺乏真实性与生活性，形象完美不食人间烟火，就会给大学生一种不真实的感觉，无法吸引他们的兴趣，学习榜样也就不了了之。调查数据表明，只有近三成的大学生认为其所在高职院校选择的朋辈榜样具有真实性，而绝大多数大学生认为所在高职院校选立的朋辈榜样给人以不真实感，高高在上缺乏亲和力，也就表明目前我国高职院校选立的朋辈榜样人物形象缺乏一定的生活性。据观察学习理论可知，大学生与朋辈榜样的爱好、社交背景、人生观等越是接近，越能够引发大学生的情感认同与情感共鸣，从而缩短与朋辈榜样间的心灵距离，形成某种可亲近感。朋辈榜样来自日常生活中，也出自普通大学生身边，朋辈榜样在无形中赋予了大学生一股巨大的力量，正是这种力量促使大学生不断地质问自己："为什么他可以我不可以？"正是这股动力形成的长期的动力，激励大学生奋勇争先、成为他人的榜样。

（二）观察学习朋辈榜样，优化学习举措

1. 积极宣传朋辈榜样

榜样所值得学习的地方在于其精神内涵，以及由精神所指导的行为。只有在对其有深刻、全面了解的基础上，大学生才能够产生对其模仿的兴趣，如果榜样对他们来说是陌生的，通常难以引发他们模仿学习的积极性。基于学习主体的此种特点，高职院校可以积极地宣传朋辈榜样，以大学生常用的信息载体，如校内论坛、各种社交软件等对朋辈榜样进行全面宣传，让大学生对朋辈榜样的事迹和精神全面了解，以提高他们模仿学习的兴趣。宣传时，尤其需要注意以下三方面的问题，以获得更好的宣传效果：

（1）深入挖掘朋辈榜样精神内涵

大学生朋辈榜样宣传活动要传递朋辈榜样奉献精神所代表的健康积极的社会价值观，要符合新时代高职院校大学生自身对正常世界观、人生观、价值观的追求，要做好对当代大学生的社会主义核心价值观的正确教育的引导。所以，学校在推广大学生朋辈榜样教育时，一定要注意对朋辈榜样的事迹及其所反映的时代精神内容加以深度发掘，而不要仅仅停留在对朋辈榜样的事迹的表面推广上，要使广大大学生切实地认识到哪些是榜样的精神实质，哪些是社会主义核心价值

观,才能更好地确定学习目标与方向。

大学生的朋辈榜样宣传,应注意引导广大学生通过朋辈榜样的先进事迹,去认识朋辈榜样所承载的崇高精神内容和价值体现方式,让他们可以更进一步接触和理解朋辈榜样,并确定认知方式和标准,这才是高校朋辈榜样传播的真正目的和价值。所以,在传播高校朋辈榜样中,要突出对朋辈榜样精神内容和崇高品质的传播与弘扬。另外,在传播的过程中,要做到客观、真实,不要对朋辈榜样的形象大肆渲染,人为拔高,也不要为朋辈榜样编造先进事迹和荣誉。由于朋辈榜样来自大学生,大学生对朋辈榜样已有较为充分的了解,如果盲目地夸大美化朋辈榜样,往往会造成他们产生反感与不服的心理,所以唯有保持真实,立足现实,才能够缩短大学生与朋辈榜样之间的差距,从而增强他们对弘扬朋辈榜样文化的主动性。

(2) 拓宽朋辈榜样的宣传途径

要使大学生朋辈榜样教育具有实效,就需要通过扩大朋辈榜样教育的宣传渠道,加强对朋辈榜样的传播力量,使每个大学生都能体会到朋辈榜样的前瞻性和模范性,都能够受到其感染,以此扩大朋辈榜样的社会影响力和大学生的学习力量。

借助于网络的发展,当前的传媒形式已经发生了较大的变化,新时代高职大学生获取信息的渠道也越来越多样。而要使宣传产生效果,就需要使其符合新时代大学生的特征。因此高职院校在宣传朋辈榜样时,需选择新时代大学生更易于接受的方式,以线下、线上结合的方式,全方位、立体化地进行宣传。线下可以利用校内的广播站、橱窗栏、报告会等途径,线上可以利用微博、公众号、网站等途径,将两者有效结合,就能够将朋辈榜样的精神内涵有效地传递给大学生。

除此之外,各高职院校还可充分利用"大数据"算法,构建一个能满足不同学生不同需求的朋辈榜样宣传系统,每位使用者可根据自身需求选择关键词,系统会自动推送符合条件的朋辈榜样人物,既为相关专业学生提供实践机会与展示平台,又能够为广大学生提供能满足自身独特需要的朋辈榜样。这种立体化、多元化的朋辈榜样宣传系统,让大学生更容易接触和了解符合自身特征的朋辈榜样,进一步激发向朋辈榜样学习的兴趣。

(3) 注重朋辈榜样宣传的长期性

各高职院校应将朋辈榜样的宣传作为长期性计划对待。如果仅进行一周或一个月等短期的宣传，其影响力将会大大降低。同样地，如果宣传时间较短，也容易让大学生产生一种学校不够重视的感觉，对待宣传的态度也会更加随意。宣传是一种教育途径，也是一种过程，是通过对朋辈榜样精神加以深入传播，使大学生深深地了解到这种精神，从而受到教育影响，去掌握、实践这种精神的教育活动，其需要贯穿大学生朋辈榜样教育的全过程中。

高职院校朋辈榜样的宣传工作，要具备长期性、持久性，才能使大学生有充分的时间去认识朋辈榜样，了解朋辈榜样精神之所以成为典型的先进性和优秀性，从而利用朋辈榜样的行为与精神去带动自身的实践活动，并自觉地学习朋辈榜样精神，向典型看齐。

通过长期对朋辈榜样进行宣传，能够促进大学生切实了解朋辈榜样的精神内涵，并在整体传播进程中形成一个颂扬朋辈榜样、鼓励模范学习的良好氛围，使广大大学生接受潜移默化的引导，提高学习朋辈榜样的主动性，推动自我成长提高。

2. 大力培育朋辈榜样

对大学生中朋辈榜样精神的客观理解，既包括了解到朋辈榜样精神的可贵，还要了解到朋辈榜样也是生活在广大大学生中的社会一般成员。所以，必须要求大学生认真辩证地审视榜样的优势与缺陷，去接纳并认识身为普通人的榜样本身所具有的不足。同时，还必须强化对广大大学生朋辈榜样精神的不断培育和督促工作，使之继承优势、克服缺点，保持先进性，成为广大大学生观察学习的模范榜样；同时还要合理使用教育强化策略，鼓励广大大学生主动地学习朋辈榜样精神，在推动学生自我发展的同时传播社会正能量。

（1）加强朋辈榜样的持续培养与监督

大学生朋辈榜样的继续教育，是指对评选出的大学生朋辈榜样进行继续教育，教育目的是通过培养，使朋辈榜样能够保持其先进性和代表性。通过对朋辈榜样的长期培育，可以长期保持朋辈榜样人物形象对大学生的魅力，长期保持朋辈榜样人物的先进性。这就要求高职院校既要对朋辈模范不断加以培育，也要强化对朋辈模范的引导工作，让朋辈模范在成为模范以后也不要放松，要更加努力地让自己更出色、更优秀，才能够起到良好的示范作用。

大学生朋辈榜样的可持续培养是一个长期持续发展的过程，需要加强榜样的自我教育与管理。大学生中的朋辈榜样，同样是大学生中的一员，也具有新时代大学生的共性特点，所以其当下的思想和行为虽然是具有先进性的，但并不代表这种先进性会一直存在,且荣誉也容易让人迷失。不可否认的是,在一些大学生被选拔为朋辈榜样后,很可能会因为周围同学羡慕的眼光或对其进行的夸赞等,让其迷失自我,变得骄傲自满,所以开始放纵自己,这样不仅不会再获得进一步的提高,还有可能会失去现有的先进性特征。而如果一旦出现了这样的情况,不仅会影响朋辈榜样自身,也会影响高职院校的教育效果,可能会让大学生产生榜样也是普通的,不值得他们进行学习等想法。所以,为了保持朋辈榜样的先进性和示范性,必须加强对朋辈榜样的持续培养和监督。

(2) 合理利用强化策略

科学合理使用强化教育策略,就可以有效推动大学生朋辈间榜样教育工作的开展,提高朋辈榜样教育的效果。在大学生的朋辈榜样教育中,可以发挥直接强化、替代性加强以及学生自主强化的积极意义,从而推动朋辈榜样学习,增强朋辈榜样教育的效果。

通过对高职院校大学生朋辈榜样的表彰与激励,不但可以提高朋辈榜样的责任感,促使他们不断完善自我,得到良好的成长,还可以带动与鼓励其他大学生学习朋辈榜样的积极性与动机,积极参加朋辈榜样的实践,提升自我不断进步。这些直接激励和替代式激励的方法,都可以加深大学生对朋辈榜样的理解与认知,从而调动他们对学习朋辈榜样的热情,还可以建立良好的朋辈榜样的环境。另外,大学生也可以采取自我强化的这种方法,在自身实现了一定学业理想之后,再进行相应的实践,这种自我强化的方法,可以增强信心,增加前行的力量,从而进一步向朋辈榜样看齐,推动自己成长成才。

强化策略的有效运用,要注重物质与精神的结合。对于大学生朋辈榜样的先进事迹,除了授予荣誉称号等精神方面的奖励,给予一定的物质奖励往往能达到更好的激励作用。在大学生朋辈榜样教育过程中,给予大学生相应的物质奖励,并利用"看得见的利益"去激发他们学习朋辈榜样的积极性,从而培养学好朋辈榜样的主动性。有了学习朋辈榜样的激情与动机,就可以逐步地把观察学习的内容内化成自身精神,并真正转化为自身的实际行动。所以,在这里强化起的是中间纽带的功能,目的就是培养大学生的精神,并使他们自觉践行朋辈榜样行为。

3. 完善激励机制

大学生朋辈榜样教育绝不是无条件的辛苦奉献,必须给予教育者与受教育者适当的激励,以提升朋辈榜样教育的持续性、发展性。适当的物质激励往往能够产生良好的激励作用，而片面的物质激励或片面的精神奖励都无法取得好的激励作用，甚至会产生相反后果，妨碍大学生朋辈榜样教育的开展。所以，在高职院校大学生朋辈榜样培养活动中，要把"看得见的利益"和"看不见的奖励"有机融合，鼓励他们自觉地学习朋辈榜样，提升学习的积极性与主动性。动力是做事情取得成效的基础因素，大学生只有增强自身学习朋辈榜样的动力，才能真正感受到朋辈榜样的积极示范效应，将朋辈榜样的先进思想内化于心，并以此指导自己的实践活动。因此，高职院校利用激励机制对教育者与受教育者进行奖励时，要适时、客观地进行物质奖励，秉持公平公正公开的原则。不但要在物质上奖励朋辈教育者，更要在精神上给予朋辈教育者以鼓舞。要明晰朋辈教育者的责任权力，就要保证朋辈教育者的权力。也可以说，激励机制本身就充分发挥了朋辈教育者的示范作用和引导功能，它还能够激发更多的大学生把愿望转变为行动，投身到朋辈榜样教育中来。更具体而言，调整考评重点，对"热情高涨、态度责任、效果良好"的朋辈教育者予以嘉奖，适应朋辈教育者自身提升的需求，为学校各类活动表彰评优提供主要标准依据，同时在考核过程和奖励过程中要加强宣传，营造良好氛围。

4. 提升教育实效性

大学生在朋辈教育活动中处于主体地位，而每一个大学生都是朋辈教育的主体，这就需要学校在举办新时期大学生朋辈榜样教育活动时，一定要注意学生的主体地位，并培育好学生的主体作用。

一方面，高职院校首先应关注新时代大学生的身心特征和价值取向。新时代大学生的思维更加活跃，自主意识更为强烈，追求自由、美好、丰富多彩的生活，对个人发展有着明确的计划和目标，对于朋辈榜样有着自身独特的理解，传统的榜样教育无法满足新时代大学生的个性需求。正如世界上不存在相同的树叶，每一个大学生都有自身的特殊性，高职院校可以提供多样化的朋辈榜样形象，满足不同学生的不同需要，有针对性地开展朋辈榜样教育，提升实效性。

另一方面，高职院校可以通过组织朋辈榜样交流会、座谈会等活动，实现朋辈榜样与大学生的面对面交流探讨，营造良好的校园氛围。传统的课堂教育有一定局限性，学生无法真正表达个人想法，不利于发挥学生的主体作用和朋辈榜样教育的实效性。相比普通课堂教学，在高职院校进行的教学活动中，学生应该各抒己见，充分发表自己的意见与见解，在与朋辈榜样的平等交流中逐渐向榜样看齐，充分发挥学生的主体作用。

(三) 重视新时代大学生朋辈典型教育队伍建设

朋辈榜样教育队伍也是高校朋辈榜样的主要执行者，对高校朋辈榜样教育团队构建而言，不但要把单个队伍成员的潜力极大地发掘出来，而且还要发挥整个团队的引领能力，选拔出优秀朋辈群体形成合力。在总结国内高等教育实践的基础上，根据新时期大学生的成长特征，建立一支行为规范、工作高效的朋辈榜样教育队伍。具体而言，是指通过一定的选拔和培训，建立服务于新时代大学生朋辈榜样教育工作，由与大学生年龄相近、兴趣爱好相似、地位平等的校内外人员组成的队伍，可以包括但不局限于青年辅导员、学生党员干部、优秀毕业生等。

另外，政治立场坚定，品德优良，价值观念积极向上，有耐心、责任心，在学生中有一定威信的大学生都可以纳入朋辈榜样教育的队伍。建立朋辈榜样教育队伍，贯彻"个别—组织—群众"的渐进式思想，不但尊崇学生的主体性，充分调动学生自我教育的兴趣，而且能达到"牵一发而动全身"的整体效应，使教育管理与课堂的效果涵盖到整个大学生群体，进而加强思想政治教育教学的真实性。

1. 科学选用高职院校朋辈榜样教育者

在朋辈榜样教育者的选拔中，拥有较高的专业知识和专业能力，是对朋辈榜样教育者的选择标准。

朋辈榜样教育者应当具有较高的个人知识综合素质和职业道德。大学思想政治教育的重要内涵也是思想道德教育，这就要求朋辈榜样教育者必须具备较优秀的个人品质和职业道德，用高雅的思想品格、较强的社会责任感和善良的人格去帮助和影响身边的人。

朋辈榜样教育者不但要具有卓越的教学能力，同时也要善于发现同学的问题，并适时积极地帮助有问题的同学，有效地处理各类问题。在朋辈榜样的教育实践中，优秀的沟通才能也成为朋辈榜样教育者所必须具备的基本条件，在教育过程中营造良好人际关系，指导受教育者思考和分析。朋辈榜样教育者还要善于针对受教育者的特点和要求，正确地剖析问题所在，并针对具体问题寻求对策。朋辈榜样教育者不但要掌握基本的心理学知识，还应当对心理学基础知识加以恰当利用，使之在朋辈榜样教育中取得较好的效果。

例如，为了便于选拔符合条件的大学毕业生，高职院校学生就业信息管理部门要对毕业生的就业情况实行调查跟踪，选出一批职业道德高尚、职业素质良好和对工作热忱高的校友，发挥朋辈榜样教育者自身的示范带动作用，帮助学生合理规划职业发展方向，在一定程度上补充高职院校思想政治教育队伍的不足，丰富大学生朋辈榜样教育内容。

2. 系统培训高职院校朋辈榜样教育者

通过严格的条件甄选出朋辈榜样教育者后，需要对这些朋辈榜样教育者开展相应的培训。通常在较短时间内，利用系统合理的培训形式，帮助朋辈榜样教育者熟练掌握教育内容。在培训过程中，除了专业知识培训、心理培训这些最基础的训练内容，还需要针对每位朋辈榜样教育者的职责侧重不同，开展个性化训练。朋辈榜样教育者在工作中，要站在受教育者角度分析原因，提出对策，学会换位思考。在与受教育者交流时，不仅要言语真诚，更要尊重个人隐私，这对于朋辈榜样教育者是十分重要的。例如，在工作态度的培训中，朋辈榜样教育者需要认识到自己的位置与受教育者是平等的、是相同的，必须坚决摒弃高高在上的上位者姿态，要在平等交流中帮助受教育者解决难题。这里特别强调换位思考的重要意义，学会站在受教育者的角度分析问题、解决问题，将真诚、诚恳的态度贯穿教育过程的始终。最重要的是，要对受教育者的个人身份个人信息保密，做到尊重他人。

一方面，朋辈榜样教育者要培养获取信息的基本能力，比如学会倾听、学会发问等。同时也要尊重个体差异性，根据不同受教育者的特殊情况制定有针对性的帮助方式，比如对贫困生要极其维护自尊使其不受伤害，对上网成瘾的学生要注意心理干预的方法，等等。另一方面，还可以按照不同的内容对朋辈榜样教育者开展培训工作，一般培训主要是以演讲和展示的方法开展。对提供职业发展规划的朋辈榜样教育者来说，可以采用统一的技能培训方式。在开展培训工作时，提高培训质量，注重师资力量，除岗前培养之外，还应涉及教育活动中若干特定问题的训练。

3. 多维评估朋辈榜样教育效果

系统培训出符合条件的朋辈榜样教育者之后，需要对开展的大学生朋辈榜样教育活动进行多维评估，判断教育活动是否朝着预期的目标前进。大学生朋辈榜样教育是一个动态的过程，必须对大学生朋辈榜样教育效果进行及时评估来确保教育的时效性。

首先要对朋辈榜样教育者进行评估。各高职院校可以根据一定的学习标准或道德标准，对工作效果明显、工作态度良好的朋辈榜样教育者予以奖励。在朋辈榜样教育者的培训过程中,要依据学生的建议和意见,有针对性地完善朋辈榜样教育者的培训过程;对已经完成培训的教育者在正式上任前,对其培训结果进行初次评估。朋辈榜样教育者在正式开展教育后,同样需要对其工作进行评估以保证朋辈榜样教育活动的有效性。

  此外,还要对作为受教育者的那部分大学生加以评价,包括对其思想道德品质、社会心理素质以及学术水平等方面的评价,并把其思想政治考试成绩与其自身评价、个人生活业绩、师生评价有机结合,建立学生发展跟踪系统,让学生直观感受到自己的成长。对教育者和被教育者的双向评价,既保证了对多维性评价的客观与真实性,使评价内容更为全面,更能肯定大学生的先进之处,又能直接有效地展现出大学生的缺点,使大学生的思想观念、行为活动等得以合理规范,并发挥了综合评价的激励监督功能和诊断反馈作用。

参 考 文 献

[1] 马克思，恩格斯. 马克思恩格斯全集（第一卷）[M]. 北京：人民出版社，1995.

[2] 马克思. 1844年经济学哲学手稿 [M]. 北京：人民出版社，2008.

[3] 马克思，恩格斯. 马克思恩格斯全集（第二十卷）[M]. 北京：人民出版社，1971.

[4] 马克思，恩格斯. 马克思恩格斯全集（第三卷）[M]. 北京：人民出版社，1960.

[5] 马克思，恩格斯. 马克思恩格斯全集（第四十二卷）[M]. 北京：人民出版社，1979.

[6] 马克思，恩格斯. 马克思恩格斯全集（第二卷）[M]. 北京：人民出版社，1957.

[7] 马克思，恩格斯. 马克思恩格斯文集（第九卷）[M]. 北京：人民出版社，2009.

[8] 中共中央文献研究室. 习近平关于实现中华民族伟大复兴的中国梦论述摘编 [M]. 北京：中央文献出版社，2013.

[9] 习近平在全国高校思想政治工作会议上的重要讲话 [C/OL]. 新华网，2016-12-08.

[10] 中共中央文献研究室. 十八大以来重要文献选编 [M]. 北京：中央文献出版社，2014.

[11] 中共中央党史和文献研究院. 十九大以来重要文献选编 [M]. 北京：中央

文献出版社，2021.

［12］王爱华.马克思关于人与环境关系的思想及其当代启示［J］.中北大学学报（社会科学版），2008（1）：1-3.

［13］何颖.人与环境关系的内蕴原则［D］.长春：吉林大学，2015.

［14］宇文利，杨席宇.马克思恩格斯"人与环境"关系论及其思想政治教育应用［J］.思想教育研究，2016（5）：26-30.

［15］王欣.新时代高校思想政治教育环境优化研究［D］.南昌：南昌大学，2020.

［16］陈秉公.思想政治教育学原理［M］.北京：高等教育出版社，2006：2.

［17］邱伟光，张耀灿.思想政治教育学原理［M］.北京：高等教育出版社，1999.

［18］张耀灿.思想政治教育学原理［M］.武汉：华中师范大学出版社，1988.

［19］仓道来.思想政治教育学［M］.北京：北京大学出版社，2004.

［20］张耀灿，郑永廷，吴潜涛，等.现代思想政治教育学［M］.北京：人民出版社，2006.

［21］侯坤，段冉.思想政治教育学原理［M］.成都：电子科技大学出版社，2016.

［22］陈秉公.思想政治教育学［M］.延吉：延边大学出版社，1997.

［23］沈国权.思想政治教育环境论［M］.上海：复旦大学出版社，2002.

［24］杨业华.思想政治教育环境需要深化研究的若干理论问题［J］.马克思主义研究，2010（6）：131-132.

［25］王新刚.反思与构建——思想政治教育基础理论发展研究［M］.北京：知识产权出版社，2013.

［26］骆郁廷.思想政治教育原理与方法［M］.北京：北京大学出版社，2019.

［27］马克思，恩格斯.马克思恩格斯选集（第1卷）［M］.北京：人民出版社，2012.

［28］周琪.论思想政治教育环境的生成、生活形态和自觉实践［J］.教学与研究，2017（10）：89-93.

［29］周珊，郝毅.思想政治教育学导论［M］.成都：电子科技大学出版社，2016.

［30］宋锡辉.思想政治教育学元理论研究［M］.北京：中国书籍出版社，2016.

［31］梁大伟.思想政治教育环境的分类及功能［J］.南京政治学院学报，2007（1）：126.

［32］岳金霞.思想政治教育环境的分类研究［J］.石油大学学报（社会科学

版),2005(2):82.

[33] 岳金霞. 思想政治教育环境优化研究 [M]. 东营:中国石油大学出版社,2007.

[34] 潘爱华. 朋辈教育模式在高校思想政治教育中的实践 [J]. 学校党建与思想教育,2011(20):45-46.

[35] 刘海春. 论朋辈教育和高校校园文化建设的耦合与运用 [J]. 高教探索,2015(2):36-39.

[36] 尹大伟,陈晨. 论大学生思想政治教育中的朋辈教育引导 [J]. 吉林工商学院学报,2017(1):113-115.

[37] 王丛. 朋辈教育在继续教育应用中的困境与创新 [J]. 继续教育研究,2017(8):49-51.

[38] 中共中央国务院关于进一步加强和改进大学生思想政治教育的意见 [N]. 人民日报,2004-10-15(01).

[39] 刘燕. 高校朋辈心理辅导员培训的实践探索 [J]. 镇江高专学报,2011,24(1):69-72.

[40] 郭秀丽. 高校思想政治理论课教师与辅导员合力育人机制研究 [J]. 湖北经济学院学报(人文社会科学版),2014,11(1):132-133.

[41] 熊秀兰. 高职院校朋辈互助育人理论与实践研究 [M]. 南京:南京师范大学出版社,2017.

[42] 杨钰. 散议朋辈心理委员的几个问题 [J]. 新西部(理论版),2015(6):120-121.

[43] 王凯旋. 朋辈心理辅导:大学生心理健康教育的新途径 [J]. 承德民族师专学报,2006(4):93-95.

[44] 孙小晗,李乐. 积极心理学视角下大学生朋辈心理辅导模式构建研究 [J]. 河南教育(高教),2014(8):82-83.

[45] 李超. 朋辈辅导及其在大学生职业生涯规划中的实施路径 [J]. 高职院校辅导员学刊,2012,4(1):23-25.

[46] 何新生,张涛. 增强朋辈群体凝聚力 提高朋辈教育实效性 [J]. 学校党建与思想教育,2012(33):21-23.

[47] 左凯旋,单亚. 高校德育教育中的大学生朋辈教育 [J]. 浙江传媒学院学

报，2011，18（3）：101-105.

[48] 李征，张骞. 上海高校：推崇"朋辈辅导员"[N]. 中国妇女报，2006-03-15.

[49] 吴照峰. 自我教育机制研究[M]. 西安：西北大学出版社，2014.

[50] 邓文锋. 高校思想政治教育中朋辈互助的研究[D]. 青岛：中国海洋大学，2012.

[51] ROGERS C R. Freedom to learn. Columbus[M]. Ohio：Merril，1969.

[52] 罗洛·梅. 爱与意志[M]. 冯川，译. 北京：国际文化出版公司，1998.

[53] 张敏生. 大学生心理互助研究[M]. 杭州：浙江大学出版社，2008.

[54] 杜广杰. 思想政治教育学中的主客体理论研究[D]. 天津：南开大学，2014.

[55] 金鉴康. 思想政治教育学[M]. 北京：水利电力出版社，1987.

[56] 陈为. 提升思想政治教育实效应注重学生主体需要[J]. 学校党建与思想教育，2006（1）：45-46.

[57] 张耀灿，刘伟. 思想政治教育主体间性涵义初探[J]. 学校党建与思想教育，2006（12）：8-10+34.

[58] 李春晖，任维聪. 大学生朋辈教育体系创建研究[J]. 兰州教育学院学报，2013，29（2）：98-99+113.

[59] 班杜拉. 自我效能：控制的实施[M]. 穆小春，等译. 上海：华东师范出版社，2002.

[60] 阿尔伯特·班杜拉. 社会学习理论[M]. 北京：中国人民大学出版社，2015.

[61] 阿尔伯特·班杜拉. 社会学习理论[M]. 北京：中国人民大学出版社，2015.

[62] 张馨之. 班杜拉社会学习理论在青少年思想政治教育中的应用[D]. 烟台：鲁东大学，2015.

[63] 范爽. 高校朋辈教育德育功能的实践路径[D]. 西安：西安工业大学，2018.

[64] 陈蕾. 大学生心理危机预防性干预的探索[J]. 考试周刊，2007（4）：5-6.

[65] 王国轩，王秀梅. 孔子家语[M]. 北京：中华书局，2016.

[66] 杨伯峻. 论语译注[M]. 北京：中华书局，2006.

［67］朱熹. 四书章句集注［M］. 北京：中华书局，2011.

［68］王海燕. 高校朋辈思想政治教育理论与实践——以合肥工业大学为例［D］. 合肥：合肥工业大学，2012.

［69］宋玲. 朋辈教育在我国高校德育中的运用研究［D］. 上海：上海交通大学，2011.

［70］张季娟，袁锐锷. 外国教育史纲［M］. 广州：广东高等教育出版社，2002.

［71］黄小忠，龚阳春，方婷，等. 朋辈咨询的发展与启示［J］. 中国学校卫生，2007（12）：1145-1147.

［72］边玉芳. 学习即模仿——班杜拉的榜样学习实验［J］. 中小学心理健康教育，2013（2）：34-35.

［73］丁学博. 基于朋辈教育的班导生工作制研究［D］. 天津：天津医科大学，2017.

［74］张真真. 朋辈教育在高校德育中的运用研究［D］. 北京：中国地质大学，2016.

［75］喻学林. 近十年大学生思想道德素质现状研究述评［J］. 思想政治教育研究，2016，32（6）：118-123.

［76］叶晓力. 朋辈教育：高校学生兼职辅导员模式的优势、不足与对策［J］. 河北农业大学学报（农林教育版），2017，19（3）：119-122.

［77］刘秉亚. "微时代"高校思想政治教育创新研究［M］. 成都：西南交通大学出版社，2017.

［78］颜林. 朋辈教育融入高校思想政治教育研究［D］. 重庆：四川外国语大学，2020.

［79］赵萱. 我国高校学生事务管理中的朋辈教育研究［D］. 北京：华北电力大学，2013.

［80］苏令银. 主体间性思想政治教育研究［M］. 上海：上海三联书店，2012.

［81］陈万柏. 思想政治教育载体论［M］. 武汉：湖北人民出版社，2003.

［82］章红兵. 朋辈辅导员在高职院校学生工作中的作用［J］. 科技信息，2007（32）：269-270.

［83］钱红梅. "学生成长导师制"研究［D］. 上海：华东师范大学，2006.

［84］徐海林. 兰州大学新生传帮带工作实证研究［D］. 兰州：兰州大学，2010.

[85] 韩卫. 关于初中优秀班主任主体基本素质及工作内容形式的实证研究 [D]. 济南：山东师范大学，2014.

[86] 聂振伟. 雪绒花开20载——一个心理咨询机构与心理咨询师的成长 [M]. 北京：高等教育出版社，2009.

[87] 李权，叶萍. 朋辈教育对大学生思想政治教育的促进作用研究 [J]. 黑河学刊，2021（5）：47-54.

[88] 师曼. 意义危机的消解和价值诉求的重拾：论思想政治教育的人本维度 [J]. 学校党建与思想教育，2017（2）：4-6+19.

[89] 关健，丁宏. 以人为本与高职院校大学生思想政治教育实践创新 [M]. 哈尔滨：黑龙江大学出版社，2015.

[90] 柏银. 新时代高校思想政治教育环境建设研究 [D]. 西安：陕西科技大学，2021.